YOU'LL NEVER WALK ALONE
LIVERPOOL
FOOTBALL CLUB
EST·1892

DROIT AU BUT

FC BAYERN
MÜNCHEN

JUVENTUS

BVB
09

AJAX
AMSTERDAM

INTER CLUB SAVONA
VAN BUYTEN
5
MAICON
13

DELIUS KLASING

TOR
PHILIPS

THOMAS LÖTZ /// REINALDO CODDOU H.

Die Geschichte der CHAMPIONS LEAGUE

ALLE SPIELE /// ALLE SIEGER /// ALLE TORE

DELIUS KLASING VERLAG

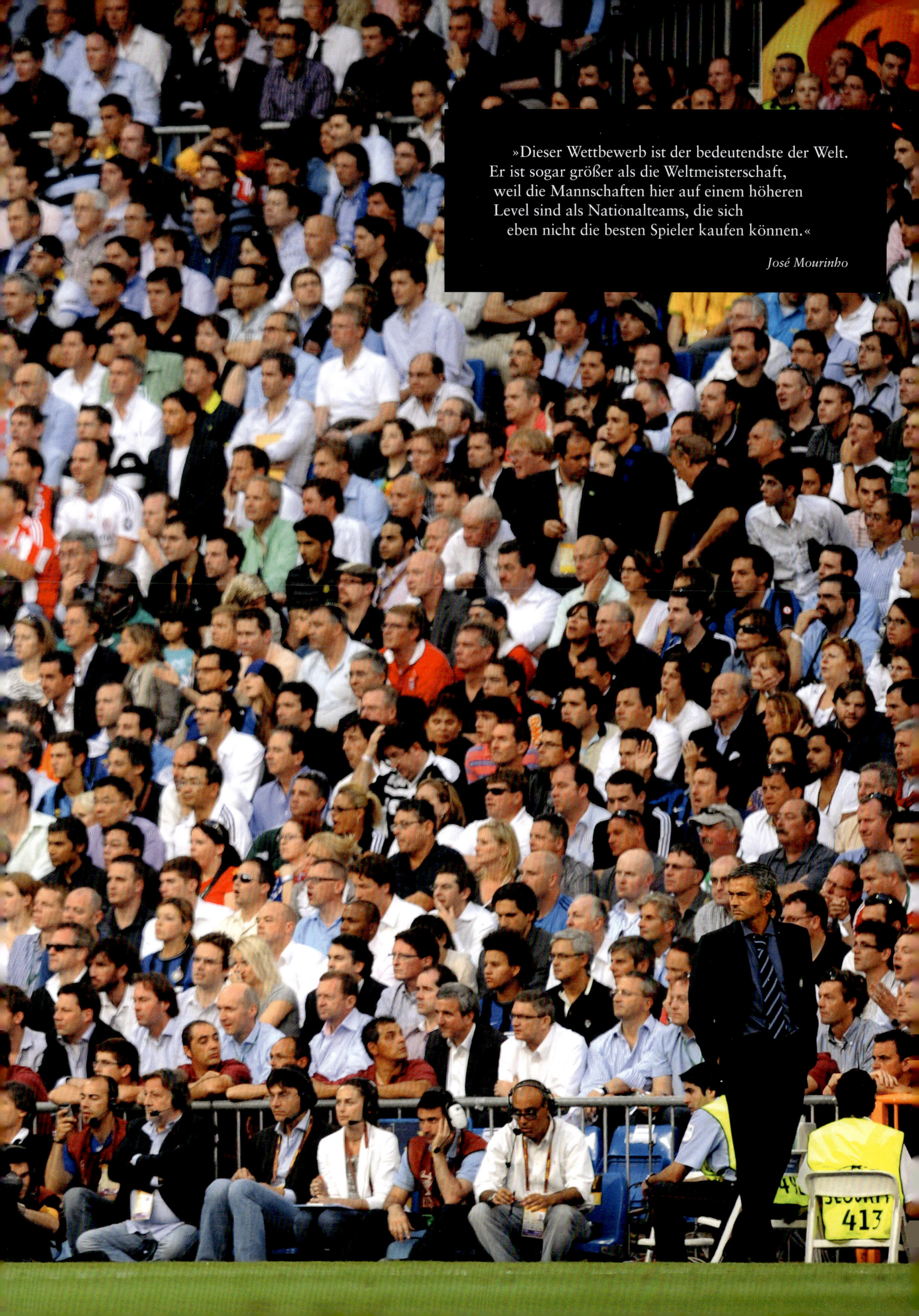

»Dieser Wettbewerb ist der bedeutendste der Welt.
Er ist sogar größer als die Weltmeisterschaft,
weil die Mannschaften hier auf einem höheren
Level sind als Nationalteams, die sich
eben nicht die besten Spieler kaufen können.«

José Mourinho

EIN BESONDERS ABGEZOCKTES SPIEL

Saison 2009/10 /// Inter Mailand

Samstags bei Real. *Erstmals wurde das Finale nicht mehr an einem Mittwoch ausgetragen. Bayern München und Inter Mailand spielten Samstagabend im Estadio Santiago Bernabéu – der Heimstatt von Real Madrid. Real war im Achtelfinale an Olympique Lyon gescheitert.*

ETO'O

Na, Eto'o, was sagste? *Diego Milito, der Argentinier, der Bayern München mit zwei Toren auf den Boden der Tatsachen brachte, holt sich die Bestätigung für seinen ersten Treffer bei Sturmpartner Samuel Eto'o ab.*

Es ist nun ja nicht so, als habe die vergleichsweise kurze Geschichte der Champions League nicht schon eine Menge an Modifikationen erlebt: reine Gruppenspielphase, dann gemischtes System mit K.-o.-Runden, von der anwachsenden Anzahl der teilnahmeberechtigten Clubs mal ganz abgesehen. Aber das Finale vom heiligen Mittwoch auf einen Samstag zu verlegen, war schon ein spezieller Schachzug. Und natürlich trug er dazu bei, dass das im Vorfeld vor Attraktivität nicht unbedingt strotzende, im Madrider Bernabéu-Stadion ausgespielte Finale zwischen Bayern München und Inter Mailand ein wirtschaftlicher Erfolg wurde.

Spielerisch war die Partie kein Genuss. Was sie offenbarte, und zwar schonungslos, war die große Schwachstelle der Münchener Mannschaft auf internationalem Niveau: die Innenverteidigung. Martín Demichelis und Daniel Van Buyten produzierten genau jene zwei Fehler, die in beiden Fällen Inters Diego Milito bedingungslos ausnutzte. Beim ersten Treffer in der 35. Minute hatte Demichelis das Kopfballduell gegen seinen argentinischen Nationalmannschaftskollegen verloren, der starke Stratege Wesley Sneijder spielte einen Pass auf den durchgelaufenen Milito, der erneut handlungsschneller als Demichelis war. Da stand es 0:1. Und vor dem entscheidenden 0:2 wurde Daniel Van Buyten von Milito auf eine Weise ausgespielt, dass man in Argentinien schon kolportierte, der Belgier habe in dieser Situation einen Hüftbruch erlitten und sich umgehend einer Operation unterziehen müssen.

Es war ein unangefochtener, verdienter, abgezockter Sieg Inters, obwohl das Spiel die Bayern überwiegend im Ballbesitz sah, aus dem sie jedoch kein Kapital zu schlagen wussten. Trainer José Mourinho hatte seine Mannschaft brillant eingestellt. Dass die Schwarzblauen schnell von Verteidigung auf Angriff umschalten können, hatten in den Runden zuvor ja schon Chelsea und Barcelona erfahren müssen. Inter hielt die Bayern vom Strafraum fern und hatte in den ersten 45 Minuten zwei Chancen, von denen sie eine zur Führung nutzten; bei der anderen kurz vor der Halbzeitpause entschärfte Bayerns Torwart Hans Jörg Butt eine Möglichkeit Sneijders. Dessen niederländischer Landsmann Arjen Robben hingegen, Bayerns torgefährlichster Spieler, blieb wirkungslos. Sobald er in Strafraumnähe auftauchte, wurde Robben einfach zugestellt. Der Rest der Münchener Mannschaft wirkte wenig energiegeladen, manchmal hilflos.

»Ich hatte das Gefühl, dass einige von uns zu viel Angst hatten«, sagte Robben später. Vor was, das erläuterte der Niederländer nicht. »Wir hatten 70 Prozent Ballbesitz«, stellte Bayern-Kapitän Mark van Bommel fest, »aber die effektivere Mannschaft hat gewonnen.« Pause. »Wenn du ein Finale gewinnen willst, musst du top sein, das waren wir nicht.« Die einzige echte Torchance der Bayern vergab kurz nach dem Wiederanpfiff der junge Thomas Müller, einen Ball, den er keinen Monat später bei der Weltmeisterschaft in Südafrika wohl mit Grandezza in die Maschen gejagt hätte.

Und so kam es dann auch nicht dazu, dass ein sorgsam vorbereiteter Coup Teil des ganz großen Coups wurde. Bei der öffentlichen Mannschaftspräsentation am Tag nach dem Finale in München hatte die Bayern-Chefetage nämlich neben dem Pokal die lange ungewisse Vertragsverlängerung von Franck Ribéry offiziell vorstellen wollen. So blieb es Ribéry vorbehalten, den Anhängern trotz verpasstem Triple Spaß zu besorgen. »Wir aben gestern verloren«, sprach der fürs

FC Bayern München – Inter Mailand
0:2 (0:1)

Estadio Santiago Bernabéu (Madrid),
74 954 Zuschauer
22. Mai 2010

FC Bayern München
Hans Jörg Butt – Philipp Lahm, Daniel Van Buyten, Martín Demichelis, Holger Badstuber – Mark van Bommel, Bastian Schweinsteiger, Arjen Robben, Hamit Altintop (63. Miroslav Klose) – Thomas Müller, Ivica Oliç (74. Mario Gómez)
Trainer: Louis van Gaal

Inter Mailand
Júlio César – Maicon, Lúcio, Wálter Samuel, Cristian Chivu (68. Dejan Stankoviç) – Javier Zanetti, Esteban Cambiasso, Wesley Sneijder – Samuel Eto'o, Goran Pandev (79. Sulley Muntari), Diego Milito (90.+2 Marco Materazzi)
Trainer: José Mourinho

Schiedsrichter: Howard Webb (England)
Tore: 0:1 Diego Milito (35.),
0:2 Diego Milito (70.)

Danke, das war's. *Diego Milito, auch »der Prinz« genannt, zirkelt den Ball an Bayerns Hans Jörg Butt vorbei zum entscheidenden Treffer ins Tor.*

Finale in Madrid wegen einer Tätlichkeit gesperrte Franzose, »aber egal. Isch abe gemacht fünf Jahre mehr. Isch liebe alle Fans in Bayern Münschen.«

Eine andere Vertragsverlängerung fand nicht statt. Endlos lange hatten sie bei Inter warten und in den vergangenen Jahrzehnten mit ansehen müssen, wie Lokalrivale Milan ein ums andere mal ins Finale einzog und dann auch noch gewann. Inter hingegen hatte die wichtigste Trophäe im europäischen Vereinsfußball zuletzt vor 45 Jahren erringen können. Und der Trainer, der sie jetzt zur Nummer eins in Europa gemacht hatte, wollte nicht mehr bleiben. »Ich gehe. Ich habe keine Lust mehr auf Italien«, sagte José Mourinho noch am Abend in Madrid. Kurz darauf unterschrieb der Portugiese einen Vierjahresvertrag bei Real Madrid und versprach den Spaniern gleich große Taten: »Natürlich kann ich auch mit Real die Champions League gewinnen.« Vielleicht ja schon im nächsten Jahr.

Das käme der von Bayern-Präsident Karl-Heinz Rummenigge auf dem abendlichen Bankett nach dem verlorenen Finale ausgerufenen Zeitplanung durchaus zupass. »Lasst es uns so machen wie 1999«, hatte Rummenigge dort mit Blick auf die brutale Last-Minute-Finalniederlage gegen Manchester United gesagt. »Die Spieler lagen damals auf der Erde, waren verzweifelt. Sie sind dann wieder aufgestanden und haben von Neuem angefangen.« Zwei Jahre später gewannen sie gegen Valencia den Pokal. Das Finale der Champions League 2012 findet übrigens im Münchener Stadion statt. ///

KANN ES EINE BESSERE MANNSCHAFT GEBEN?

Saison 2008/09 /// FC Barcelona

Werft mich höher. *Barcelona feiert seinen Trainer Pep Guardiola, der in seiner ersten Saison auf der Bank gleich drei Titel gewann.*

Wie ist das möglich? Das scheint sich Manchester Uniteds Verteidiger Rio Ferdinand hier ein wenig zu spät zu fragen. Gerade schrauben sich neben ihm 1,69 Meter Mensch in die Höhe. Wenig später zappelt der Ball von Lionel Messi zum 2:0-Finalsieg für Barca im Netz.

MESSI
10
AIG
16

Um es gleich zu sagen: Es war eines der besten Endspiele in der Geschichte der Champions League, das mit Abstand spielerisch beste jedenfalls. Und eines, in dem United-Trainer Alex Ferguson eine für ihn neue Erfahrung machte. Zum dritten Mal hatte der Schotte mit seiner Mannschaft in einem Finale dieses Wettbewerbs gestanden, glücklich hatten Ferguson und sein Team gegen Bayern München (1998/99) und zwölf Monate zuvor gegen den FC Chelsea den Pokal gewonnen. Aber in diesem Jahr waren sie im Römer Stadio Olimpico gegen das Ereignis FC Barcelona schlicht machtlos. »Gegen eine bessere Mannschaft habe ich noch nie gespielt«, sagte Wayne Rooney. Man wusste nicht, ob der bullige Engländer froh war, dass es vorbei war, oder ob er liebend gerne weiter den Vorführungen der Spieler des FC Barcelona zugesehen hätte, aus allernächster Nähe.

Gegen die Ballkünstler aus Barcelona hatte Alex Ferguson versucht, mit einem ausgesprochen offensiven 4-4-2-System erfolgreich zu sein: durch Stören des katalanischen Kombinationsspiels bereits in der Entstehung und durch sich daraus ergebende Blitzkontersituationen selbst zu Torchancen zu kommen. Diese Taktik, die das Finale zu einem äußerst sehenswerten Spiel machte, weil Manchester gegen Barcelona nicht nur verteidigen, sondern mitspielen wollte, erlitt einen ersten Rückschlag nach zehn Spielminuten. Da traf Samuel Eto'o für Barcelona zum 1:0.

Nach dem Führungstreffer schickte Barca-Trainer Pep Guardiola seinen Stürmer Lionel Messi ins Mittelfeld. Dort entstand mit ihm, Xavi und Iniesta eine Schieflage, die allein Manchesters Michael Carrick auszugleichen bemüht war, der einem dabei erschien wie ein »Feuerwehrmann, der mit einem winzigen Schlauch einen gewaltigen Brand löschen musste« *(Daily Telegraph)*. Außenstürmer Giggs sollte sich auf Anweisung Fergusons ins Mittelfeld zurückfallen lassen, aber das wäre auch nicht relevant gewesen, wie der Trainer selbst erkannte: »Xavi und Iniesta waren zu gut. Die können den Ball die ganze Nacht halten.« »Iniesta und Xavi waren fantastisch«, sagte auch Josep Guardiola über seine beiden Mittelfeldspieler, von denen jeder in diesem Finale einen Treffer vorbereitet hatte.

Ein Altersunterschied von 29 Jahren liegt zwischen dem in einem Vorort von Glasgow geborenen und später zum Sir geadelten Alex Ferguson und Josep, »Pep« gerufen, Guardiola. Während Ferguson Manchester United seit unfasslichen 23 Jahren trainierte, alles bereits gewonnen hatte, was ein Vereinstrainer so gewinnen kann, war Guardiola in dieser Spielzeit ein Rookie, ein gleichwohl außergewöhnlich erfolgreicher. Denn in seinem ersten Jahr als Trainer hatte der frühere Mittelfeldspieler nicht nur die Champions League als jüngster Coach überhaupt gewonnen, sondern zuvor bereits die spanische Meisterschaft und den Pokal. Dieses Triple hatte vor ihm weder ein Trainer des FC Barcelona noch einer von Real Madrid geschafft – was in Spanien dann heißt: niemand. Da lachte Guardiola: »Das war's mit meiner Karriere. Alles schon gewonnen.«

Josep Guardiola, in Santpedor geboren, einem Ort mitten in Katalonien. Ein Mann mit Hang zur Kultur und Mode und im Spätherbst seiner Karriere, bei Brescia Calcio, auch zum Dopingmittel Nandrolon. 1992 gewann Guardiola die Champions League mit dem größten aller Vereine seiner Heimatregion, dem FC Barcelona, und er wurde in Barcelona mit Spanien Olympiasieger. Die Grund-

FC Barcelona – Manchester United
2:0 (1:0)

Stadio Olimpico (Rom),
67 000 Zuschauer
27. Mai 2009

FC Barcelona
Víctor Valdés – Carles Puyol, Yaya Touré, Gerard Piqué, Sylvinho – Xavi, Sergi Busquets, Andrés Iniesta (90+2. Pedro) – Lionel Messi, Samuel Eto'o, Thierry Henry (72. Seydou Keita)
Trainer: Josep Guardiola

Manchester United
Edwin van der Sar – John O'Shea, Rio Ferdinand, Nemanja Vidiç, Patrice Evra – Anderson (46. Carlos Tévez), Michael Carrick, Ryan Giggs (75. Paul Scholes) – Park Ji-Sung (68. Dimitar Berbatow), Wayne Rooney – Cristiano Ronaldo
Trainer: Sir Alex Ferguson

Schiedsrichter: Massimo Busacca (Schweiz)
Tore: 1:0 Samuel Eto'o (10.), 2:0 Lionel Messi (70.)

lagen dafür, ein erfolgreicher Mittelfeldspieler zu werden, waren Guardiola im Jugendinternat von Barca beigebracht worden, in das er im Alter von 13 Jahren eingetreten war. Eine prägende Zeit.

In der Startelf, mit der Guardiola seinen ersten Titel in der Champions League gewann, standen nicht weniger als sieben Spieler aus der Nachwuchsschule Barcas. Neben Andrés Iniesta und Xavier »Xavi« Hernández i Creus auch der 22-jährige Argentinier Lionel Messi. Dessen Eltern hatten neun Jahre zuvor Argentinien wegen der Wirtschaftskrise verlassen, waren nach Barcelona ausgewandert und schließlich bei Barca vorstellig geworden, weil sie dringend Geld für eine Wachstumshormonbehandlung des Juniors benötigten. Ein Vertrag mit dem Teenager wurde fixiert, 600 Euro im Monat Gehalt, die Kosten für die nötige Spritzenkur zahlte ebenfalls der Verein.

Insofern war es auch etwas Besonderes, dass der 1,69 Meter kleine Spieler nach einer Flanke von Xavi im Römer Finale ein Kopfballtor gegen Manchesters große Abwehrspieler erzielte. Der Treffer war sein neunter im Wettbewerb und machte ihn zum Torschützenkönig. Vor allem aber belegte er, dass Barcelona an diesem Abend alles möglich machte. Und natürlich hatte Messi da längst das große Duell gegen Manchesters Cristiano Ronaldo entschieden. Der Portugiese hatte zu Beginn der Partie drei Torschüsse abgelassen, Eindruck gemacht, dann aber übernahmen Barcelona und Messi. Am Ende wollte Ronaldo eigentlich gar nicht sprechen über dieses Endspiel, das nicht seins werden konnte. Dann drehte er sich doch noch einmal um und sagte: »Sie waren besser.« ///

***Sie kommen, um zu feiern.** Lionel Messi (10) hat das Spiel mit seinem Tor entschieden. Die Teamkollegen freut das.*

EIN ÜBLER AUSRUTSCHER

Saison 2007/08 /// Manchester United

Danke, Edwin. *Uniteds Schlussmann hat den Elfmeter von Chelseas Anelka gehalten und Manchester den Titel gewonnen.*

Eigentlich ist John Terry einer mit Stehvermögen. Ein englischer Fußballprofi, ein wahrer Lad, dem nicht mal die öffentliche Erregung über seine Affäre mit der Frau eines Mitspielers etwas anhaben konnte. Doch an diesem Abend heulte John George Terry, geboren am 7. Dezember 1980 in Barking, einer Londoner Vorstadt, in der auch der große Bobby Moore das Licht der Welt erblickt hat. Terry heulte im Dauerregen von Moskau und später habe er »überhaupt nicht mehr aufgehört, in der Kabine zu weinen«, berichtete sein Verteidigerkollege Ricardo Carvalho.

Denn John Terry hatte es versaut. Er allein. Er, »JT«, der Kapitän, Mister Chelsea, der Mann der – ein halbes Jahr in Nottingham ausgenommen – immer nur für die Blauen gespielt hatte, er hatte verhindert, dass sein Club und dessen Gönner Roman Abramowitsch ihren ersten richtig großen Titel gewinnen konnten. »Ich sah, wie Edwin van der Sar schon in der anderen Ecke liegt und der Ball ins Tor fliegt«, erinnerte Chelseas Torwart Petr Čech nach Abpfiff immer noch sichtlich geschockt die Szene, »aber der Ball flog nicht rein«.

Auf dem auf Wunsch der UEFA neu verlegten, nassen Rasen im Luschniki-Stadion war im Elfmeterschießen Terrys Standbein weggerutscht, Terry hatte die Balance verloren, der Ball ging nicht ins Tor, sondern klatschte an den Außenpfosten. Zuvor waren auf der anderen Seite schon erste Tränen geflossen. Manchesters Cristiano Ronaldo hatte gepatzt und daraufhin ebenfalls losge-

Rooooo-naaaaalllllldoooo. *Im Finale gegen Chelsea machte der damals beste Fußballer der Welt fast alles richtig: Er brachte sein Team in Führung, später verschoss er einen Elfmeter.*

Manchester United – FC Chelsea
1:1 n.V. (1:1, 1:1), 6:5 i. E.

Olympiastadion Luschniki (Moskau), 69 500 Zuschauer
21. Mai 2008

Manchester United
Edwin van der Sar – Wesley Brown (120. Anderson), Rio Ferdinand, Nemanja Vidiç, Patrice Evra – Owen Hargreaves, Paul Scholes (89. Ryan Giggs), Michael Carrick, Cristiano Ronaldo – Wayne Rooney (102. Nani), Carlos Tévez
Trainer: Sir Alex Ferguson

FC Chelsea
Petr Čech – Michael Essien, Ricardo Carvalho, John Terry, Ashley Cole – Claude Makelele (120. Juliano Belletti), Michael Ballack, Frank Lampard – Joe Cole (99. Nicolas Anelka), Didier Drogba, Florent Malouda (93. Salomon Kalou)
Trainer: Avraham Grant

Schiedsrichter: L'uboš Michel' (Slowakei)
Rote Karte: Didier Drogba (Chelsea/ 116., Tätlichkeit)
Tore: 1:0 Cristiano Ronaldo (26.), 1:1 Frank Lampard (45.)
Elfmeterschießen: 1:0 Tévez, 1:1 Ballack, 2:1 Carrick, 2:2 Belletti, Čech hält gegen Ronaldo, 2:3 Lampard, 3:3 Hargreaves, 3:4 A. Cole, 4:4 Nani, Terry schießt an den Pfosten, 5:4 Anderson, 5:5 Kalou, 6:5 Giggs, van der Sar hält gegen Anelka

heult, weil er dachte, er habe seiner Mannschaft alles verdorben an diesem historischen Tag. Kurz darauf war es an John Terry, die Champions League für Chelsea zu gewinnen.

Terry wäre der letzte Schütze gewesen, er hätte seinen Eintrag in den Geschichtsbüchern sicher gehabt. Doch als der Kapitän nicht traf und ein paar Minuten später, um 1:39 Uhr Ortszeit genau, Nicolas Anelka an Manchesters Keeper Edwin van der Sar scheiterte, war es vorbei. Im englischen Finale des europäischen Bestenwettbewerbs nahm Manchester United den Pokal mit nach Hause. Zum dritten Mal in der Clubgeschichte nach 1968 und 1999.

Das Finale in Moskau reihte sich in die dramatischen Endspiele unter Beteiligung von Manchester United ein. 1968 benötigte man gegen Benfica Lissabon eine Verlängerung, 31 Jahre später gegen Bayern München einen bis heute unbegreiflichen Doppelschlag in der Nachspielzeit. Und in Moskau war das Spiel ein Thriller, der mit zunehmender Dauer immer mehr beschleunigte. Was dann kaum mehr auszuhalten war, nicht für Didier Drogba jedenfalls. Minuten vor Ende der Verlängerung leistete sich der Ivorer eine Ohrfeige gegen Nemanja Vidiç und flog vom Platz. Drogba war als »Bank« von seinem Coach Avraham Grant für das Elfmeterschießen vorgesehen gewesen.

Seinen Platz nahm dann der Kapitän ein, der sich freiwillig gemeldet und sich freiwillig entschieden hatte für Position fünf, die letzte im ersten und oft entscheidenden Durchgang. Der selbstbewusste John Terry, der in der Verlängerung gerade noch einen Torschuss des Einwechselspielers und mit 759 Einsätzen neuen United-Rekordkickers Ryan Giggs von der Linie geköpft hatte. Terry ging voran, was im Elfmeterschießen bedeutet, den ersten oder den letzten Schuss zu übernehmen. Den ersten schoss und verwandelte der einzige Deutsche auf dem Platz: Terrys Teamkollege Michael Ballack.

Ballack traf so sicher, wie er zuvor auf dem Platz gewirkt hatte, als er mit Terry, Frank Lampard und dem sehr gut haltenden Torwart Petr Čech Chelsea nach dem Rückstand durch Ronaldo (26.) im Spiel gehalten hatte. Manchester übte einen ungeheuren Druck auf Chelsea aus, Carrick und Tévez hätten locker auf 3:0 erhöhen können. Doch dann fiel kurz vor der Pause der sicher glückliche Ausgleich durch Lampard (45.). »In der ersten Halbzeit«, sagte der Torschütze, »haben wir kein Champions-League-Finale gespielt, sondern ein Freundschaftsspiel.« In den zweiten 45 Minuten gab Chelsea Gas. Drogba schlenzte an den Pfosten, und in der Verlängerung schoss Lampard nach Vorarbeit von Ballack an die Latte. Mehr nicht.

Während Manchester und seine Fans nach dem Abpfiff ihren Sieg feierten, saß Michael Ballack allein im Mittelkreis des Luschniki-Stadions und weinte. Wie schon mit Bayer Leverkusen und der Nationalmannschaft hatte der gebürtige Görlitzer wieder mal eine große Niederlage in einem der ganz großen Spiele des Fußballs erlitten. Ballack wollte nichts mehr sagen, er wollte nur noch weg. Das Dozieren überließ er anderen.

Sir Alex Ferguson etwa, der 50 Jahre nach dem tragischen Flugzeugunglück von München, bei dem im Februar 1958 acht Spieler von Manchester United gestorben waren, seiner Sammlung an Titeln einen weiteren bedeutenden hinzugefügt hatte. »Wir hatten eine Bestimmung«, sprach der Trainer mit einem für ihn ungewohnten Hang zur Dramatik, »und mit einer Bestimmung ist man nur sehr schwer zu schlagen.« Er hätte dieses Finale auch prägnanter zusammenfassen können, so, wie er es 1999 nach dem Sieg gegen die Bayern schon einmal getan hatte: »Football, bloody hell!« ///

DANN KILLT ER DICH

Saison 2006/07 /// AC Mailand

Abgefälschtes Ding. *Pippo Inzaghis erster von zwei Treffern gegen Liverpool. Und derjenige, der das Spiel kippte.*

Es war dies die Revanche für das ungeheure Finale zwei Jahre zuvor, in dem Liverpool einen 0:3-Rückstand wettgemacht und den AC Mailand im Elfmeterschießen bezwungen hatte. Doch wer in Athen mit einer ähnlich mitreißenden Vorstellung gerechnet hatte, wurde stark enttäuscht. Das Finale war eines der schlimmen Art. Es passte daher auch ins Bild, dass es durch den letzten Italiener entschieden wurde, der das Klischee vom hintertriebenen, zynischen Fußballprofi aufrechterhält. Einen Mann, der schon dem Gedanken an fairen Fußball ins Gesicht tritt, dem jedes Mittel Recht ist, Spiele zu gewinnen, der seine Gegenspieler einlullt, bis sie irgendwann nachlässig werden. Das ist stets jener Moment, in dem Filippo »Pippo« Inzaghi erbarmungslos zuschlägt. Jener Stürmer, über den Manchester Uniteds Trainer Alex Ferguson einmal urteilte: »Inzaghi kam schon im Abseits zur Welt.«

33 Jahre musste Inzaghi werden, um einen der schönsten Momente seines Fußballerlebens zu erfahren, und dabei sah es lange so aus, als dürfe er das Endspiel gegen die Engländer nur von der Bank aus verfolgen. In den letzten zwei Spielzeiten hatte der Stürmer aufgrund zahlreicher Verletzungen längst nicht mehr zur Stammbesetzung Milans gezählt. Und vor dem Finale hatte Club-Herrscher Silvio Berlusconi öffentlich erklärt, er wolle statt Inzaghi lieber den 24-jährigen Alberto Gilardino in der Startformation gegen Liverpool sehen. Ob es nun das kolportierte Nervenflattern Gilardinos war oder die Abstimmung der *Gazetta dello Sport*, in der sich 63 Prozent der 18 000 Befragten für Inzaghis Einsatz aussprachen, oder am Ende doch schlicht eine Entscheidung von Trainer Carlo Ancelotti: Es war jedenfalls spielentscheidend, dass Inzaghi wieder mit dabei war.

In der ersten Hälfte war Liverpool die deutlich bessere Mannschaft gewesen. Mit fünf Mann kontrollierten die Engländer das Mittelfeld samt Milans Ideengeber Andrea Pirlo so geschickt, dass die Italiener gar nicht zur Entfaltung kamen. Weder von Kaká noch von Clarence Seedorf noch von Pippo Inzaghi war etwas irgendwie auch nur annähernd Eindrucksvolles zu sehen. So hätte es auch einfach weiterlaufen können, wäre da in der 45. Minute nicht dieses Tor passiert, das »fundamental« für die weitere Entwicklung des Spiels war, wie Milans Trainer Carlo Ancelotti das völlig richtig bewertete.

Instinktsicher lief Pippo Inzaghi in den von seinem Mannschaftskollegen getretenen Freistoß hinein und statt lässig in den Händen von Liverpools Schlussmann Pepe Reina lag der Ball plötzlich im Tor. Inzaghi hatte ihm den Dreh verpasst. Nachher erklärte der Torschütze: »Das gehört bei uns eben zum Training, eine Standardsituation: Pirlo schießt, und ich halte den Kopf hin.« Eine doppelte Lüge: Denn erstens hatten alle im Stadion gesehen, wie zufällig dieses Tor zustande gekommen war, zweitens hatte Inzaghi es mit dem Arm, möglicherweise der Schulter, in keinem Fall aber mit dem Kopf erzielt. Drittens musste bei Inzaghis Aussage nicht zuletzt sein Trainer verräterisch grinsen.

Bis dahin war Liverpool im Verhindern nahezu perfekt gewesen, aber als sie nach dem Rückstand in der zweiten Halbzeit mehr sollten und mussten, ging nichts. Da war deutlich zu erkennen, was Liverpool für eine Mannschaft war und welch immense Leistung Trainer Rafael Benítez erbracht hatte, die Durchschnittlichkeit seines Teams mit einer taktisch wohl überlegten Ausrichtung zu

AC Mailand – FC Liverpool
2:1 (1:0)

Olympiastadion Spyridon Louis (Athen), 71 030 Zuschauer
23. Mai 2007

AC Mailand
Dida – Massimo Oddo, Alessandro Nesta, Paolo Maldini, Marek Jankulovski (80. Kacha Kaladse) – Gennaro Gattuso, Andrea Pirlo, Massimo Ambrosini, Clarence Seedorf (90.+2 Giuseppe Favalli) – Kaká, Filippo Inzaghi (88. Alberto Gilardino)
Trainer: Carlo Ancelotti

FC Liverpool
Pepe Reina – Steve Finnan (88. Álvaro Arbeloa), Jamie Carragher, Daniel Agger, John Arne Riise – Jermaine Pennant, Xabi Alonso, Javier Mascherano (78. Peter Crouch), Boudewijn Zenden (59. Harry Kewell), Steven Gerrard – Dirk Kuijt
Trainer: Rafael Benítez

Schiedsrichter: Herbert Fandel (Deutschland)
Tore: 1:0 Filippo Inzaghi (45.), 2:0 Filippo Inzaghi (82.), 2:1 Dirk Kuyt (89.)

***Wo andere ihren Ellbogen haben.** Mit dem Kopf, behauptete Pippo Inzaghi nachher, habe er dem Ball vor dem 1:0 die entscheidende Richtungsänderung gegeben.*

Berichterstattung für die Front. *Britische Soldaten des »Duke of Lancaster's Regiment« in Liverpool-Shirts leiden während der Übertragung in ihrem Lager in Basra (Irak) mit.*

kaschieren. »Wenn du gegen Milan die Balance zwischen Offensive und Defensive verlierst«, wusste Rafa Benítez, »dann killen sie dich«. Genau das passierte dann auch.

Das zweite Tor war das Ergebnis eines Konters. Nachdem Benítez mit der Einwechslung eines zweiten Stürmers, Peter Crouch, noch einmal alles riskiert hatte, fehlte ihm im Mittelfeld der für Crouch gewichene Javier Mascherano. Die Lücke nutzte Milans Kaká zu einem kleinen Marsch und einem feinen Pass in den leeren Raum, auf den wie stets auf der Abseitslinie (vielleicht auch dahinter) herumlungernden Inzaghi. Der lief dem Ball in den Strafraum hinterher, umkurvte Torwart Pepe Reina und schob ein. Aus drei Torschüssen hatte Milan zwei Treffer herausgezogen, eine brutale Bilanz, die sich durch das späte Tor von Liverpools niederländischem Stürmer Dirk Kuyt nicht mehr umbiegen ließ.

Mit seinen Treffern 37 und 38 in der Champions League – seinen 36. hatte er im Viertelfinal-Rückspiel beim 2:0-Sieg in München gegen die Bayern erzielt – hatte Pippo Inzaghi dem alten Milan (Durchschnittsalter 30 Jahre, 10 Monate) den Titel geschenkt. »Wir haben den Pokal fast alle schon zum zweiten Mal gewonnen«, sagte der zuletzt nicht wohl gelittene Stürmer. Dabei unterschlug Inzaghi, dass sein Mannschaftskollege Paolo Maldini und nicht zuletzt Präsident Silvio Berlusconi sogar schon fünfmal erfolgreich gewesen waren. Insgesamt hatte Milan nun sieben Siege im Landesmeisterwettbewerb, zwei weniger als das in dieser Wertung vor den Italienern führende Real Madrid. ///

Schnelles Aus.
Mit diesem Foul an Samuel Eto'o verabschiedete sich Arsenals Torwart Jens Lehmann nach nicht einmal 20 Minuten aus dem größten Spiel seines Lebens.

HERR LEHMANN WIRD VOM PLATZ GESCHICKT

Saison 2005/06 /// FC Barcelona

Am Ende wurde tatsächlich noch eine Art Staatsaffäre daraus. In einem Zeitungsinterview erklärte der ehemalige deutsche FIFA-Schiedsrichter Bernd Heynemann, sein norwegischer Kollege Terje Hauge habe im Finale einen Fehler begangen. »Hauge hätte die Aktion weiterlaufen lassen können. Er hat den Vorteil nicht gesehen. Barcelona hätte in der Folge das Tor gemacht. Damit wäre es von Lehmann nur ein Foul gewesen, und er wäre mit einer Gelben Karte davongekommen«, sagte Heynemann.

So aber hatte Terje Hauge die Rote Karte gezogen, weil sich Arsenal Londons deutscher Torwart Jens Lehmann im größten Spiel seines Lebens einen für den gesamten Abend folgenschweren Fehler leistete. In der 18. Minute des Endspiels gegen den FC Barcelona wusste sich Lehmann nicht anders zu helfen, als Samuel Eto'o außerhalb des Strafraums zu Fall zu bringen. Es war der erste Platzverweis in einem Finale der Champions League, für Lehmann der insgesamt siebte in seiner Karriere. »Das hat das Spiel dramatisch verändert und war schade für die Zuschauer«, sagte Barcelonas Trainer Frank Rijkaard. Hätte Hauge das Spiel weiterlaufen lassen, hätte Ludovic Giuly die Spanier in Führung gebracht.

So aber musste Arsenal vom beliebten Tempofußball auf kontrollierte Defensive und Konter umschalten, was dann nichtsdestotrotz das 1:0 durch Sol Campbell brachte. Wobei dem Freistoßentscheid erneut eine Fehleinschätzung des Referees vorausgegangen war, der eine Schwalbe als Foul gewertet hatte. Die Folge der Führung war auch, dass Arsenal sich weit zurückzog und bis auf Stürmer Thierry Henry den eigenen Strafraum gegen »das offensivste Fußballteam der Welt« *(Neue Zürcher Zeitung)* verteidigte.

Und nachdem Frank Rijkaard sich eine Stunde lang angesehen hatte, wie seine Mannschaft aus 61 Prozent Ballbesitz nicht mehr als einen 0:1-Rückstand hatte rausholen können, reichte es dem Trainer des FC Barcelona. Er entfernte das letzte zerstörerische Element aus seiner Mannschaft, den Niederländer Mark van Bommel, und brachte mit Henrik Larsson einen weiteren Offensivspieler. Nicht Ronaldinho, Deco oder Eto'o sollten in den folgenden knapp 30 Minuten zu Artdirektoren im Spiel Barcelonas aufsteigen, den Job erledigte der 34-jährige Schwede ganz allein.

Lange schon hatte Larsson angekündigt, Barcelona im Sommer zu verlassen und in seine schwedische Heimat Helsingborg zurückzukehren. Und natürlich wusste er, dass dies sein letzter großer Auftritt war. Schon im Achtelfinale gegen Chelsea hatte er die Richtung des Barca-Spiels entscheidend verändert. Jetzt genoss Larsson die ihm verbleibenden Minuten. Er bereitete die beiden Tore durch Eto'o und Belletti vor, die Barca den Titel brachten. Und am Ende stand er allein vor den Fans in der Kurve, wobei das ein Zufall war. »Ich dachte, wir gehen alle dahin.« Zu spät hatte Larsson bemerkt, dass niemand ihm gefolgt war. Vielleicht hatten sie ihn auch einfach ziehen lassen, weil sie ihm einen einzigartigen Abschied gönnen wollten.

Abschied von Paris und dem Traum, die Champions League zu gewinnen, nahm Jens Lehmann – in einem grauen Sweatshirt. »Ich hatte eine kleine Chance gesehen, an den Ball zu kommen«, sagte er, der das Spiel nach seinem Platzverweis von der VIP-Tribüne aus wie in Trance verfolgt hatte und später nebulös formulierte: »Meine Seele hat meinen Körper verlassen.« In der Pause hatten

FC Barcelona – FC Arsenal
2:1 (0:1)

Stade de France (Paris),
76 000 Zuschauer
17. Mai 2006

FC Barcelona
Victor Valdés – Oleguer (71. Juliano Belletti), Rafael Márquez, Carles Puyol, Giovanni van Bronckhorst – Deco, Edmílson (46. Andrés Iniesta), Mark van Bommel (61. Henrik Larsson) – Ludovic Giuly, Samuel Eto'o, Ronaldinho
Trainer: Frank Rijkaard

FC Arsenal
Jens Lehmann – Emmanuel Eboué, Kolo Touré, Sol Campbell, Ashley Cole – Robert Pirès (20. Manuel Almunia), Gilberto Silva, Francesc Fàbregas (74. Mathieu Flamini), Aljaksandr Hleb (85. José Antonio Reyes) – Fredrik Ljungberg, Thierry Henry
Trainer: Arsène Wenger

Schiedsrichter: Terje Hauge (Norwegen)
Rote Karte: Jens Lehmann (Arsenal/18., Notbremse)
Tore: 0:1 Sol Campbell (37.), 1:1 Samuel Eto'o (76.), 2:1 Juliano Belletti (80.)

***Lichter an.** Im Stade de France von Paris feiern die Barca-Fans den zweiten Sieg ihres Clubs im wichtigsten europäischen Vereinspokal nach 1992.*

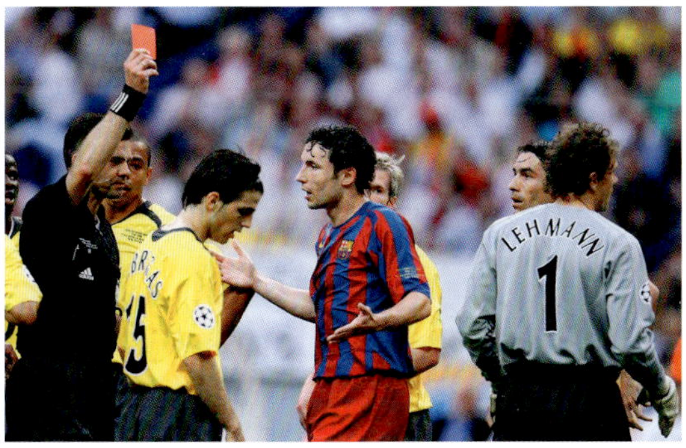

Rot. Schiedsrichter Terje Hauge (Norwegen) schickt Jens Lehmann vom Feld. Selbst Barcelonas Mark van Bommel scheint das nicht zu verstehen.

ihm seine Teamkollegen gesagt, er habe richtig gehandelt, weil er damit das Tor verhindert hatte. Da stand es gleichwohl noch 1:0 für Arsenal.

So richtig jedenfalls konnte Lehmann dem Gegner den Pokal nicht gönnen. »Besonders traurig«, fand er, dass Eto'os Ausgleichstor eine Abseitsstellung vorausgegangen war. Mindestens genauso traurig war natürlich auch, dass Thierry Henry seine beiden Großchancen nicht hatte nutzen können. Insbesondere, als der Arsenal-Stürmer in der 68. Minute allein vor Torhüter Victor Valdés aufgetaucht war und dann nur ein schlappes Schüsschen abließ. »Ich hatte schon nach einer Stunde keine Kraft mehr«, entschuldigte Henry sich. Das Spiel in Unterzahl hatte Kraft gekostet, was die Schuld von Jens Lehmann war.

Und so stellte sich an diesem Abend auch die Frage, ob die Entscheidung von Bundestrainer Jürgen Klinsmann richtig gewesen war, statt Oliver Kahn für die anstehende Weltmeisterschaft im eigenen Land Jens Lehmann als Nummer eins vorzuziehen.

Aus dem Trainingsquartier der Nationalmannschaft auf Sardinien meldete sich der nach dem Frust über seine Demission zum Grandseigneur gewandelte Kahn zu Wort: »Das ist ein Schlag ins Gesicht. Jens ist aber mental stark genug, so eine Situation zu verkraften. Es ist psychologischer Quatsch, wenn man glaubt, dass sich so etwas immer wiederholt. Das sind einmalige Geschichten. Das muss man ganz schnell abhaken.« Ein Ratschlag, dessen Annahme mit Schwierigkeiten verbunden war. Jens Lehmann: »Dieses Spiel nehm ich wahrscheinlich mit ins Grab.« ///

DAS COMEBACK

Saison 2004/05 /// FC Liverpool

Gleich haben sie ihn. *Liverpools Mannschaft rennt vom Mittelkreis los, um ihrem Matchwinner zu gratulieren: Torwart Jerzy Dudek.*

Der 25. Mai 2005 war ein schöner Tag für die Fans des FC Liverpool. 20 Jahre nach der Katastrophe im Brüsseler Heysel-Stadion, als nach Ausschreitungen im Endspiel gegen Juventus Turin 39 Fußballfans den Tod fanden, stand ihr Club wieder einmal unter den letzten Zwei des bedeutendsten Wettbewerbs im europäischen Vereinsfußball. Und es dauerte nach dem Anpfiff in Istanbul exakt 53 Sekunden, da begann die schöne neue Welt des FC Liverpool und seiner Anhänger sich auf die dunkle Seite zu drehen.

Milans Altstar und Kapitän Paolo Maldini hatte nach einem Freistoß vom Elfmeterpunkt zum 0:1 getroffen. Und als der Argentinier Hernán Crespo mit einem Doppelschlag kurz vor der Halbzeit das Ergebnis auf 0:3 erhöhte, da war der Cupsieg nicht in weite Ferne gerückt, er war unmöglich. Aber auf den Tribünen feierten die Fans von der Anfield Road ihr Team und sich selbst, sie sangen die größte aller Fußballhymnen. Ihre Hymne: »You'll never walk alone.«

Was hatten sie nicht alles durchgemacht mit diesem Verein. Tote in Heysel, noch mehr Tote im Halbfinale des FA-Cups vier Jahre später in Sheffield. Liverpool, das war ein Verein, an dem das Unglück klebte, geklebt hatte. 2001 hatte man den UEFA-Cup gewonnen – und jetzt standen sie hier in Istanbul, in ihrer Kurve. Zehntausende, und sie verweigerten der unschönen Realität auf dem Platz die Anerkennung. Sie sangen so leidenschaftlich wie das wohl nur die Fans des FC Liverpool können: »We shall not be moved ...«

Unter den voll besetzten Tribünen des Atatürk-Olympiastadions, in der Umkleide, sprach Trainer Rafa Benítez in der Halbzeit zu seiner Mannschaft. »Wir sind Liverpool, wir haben so viele Fans, wir werden hier nicht abgeschlachtet«, erklärte der Spanier. »Wenn uns ein schnelles Tor gelingt, können wir Druck machen.«

Benítez brachte Hamann. Der Deutsche sollte das Wirken des bis dahin brillanten Kaká stören, am besten sollte er das Spiel des Milan-Brasilianers gleich ganz zerstören. Hamanns Einwechslung sollte sich auszahlen. Zunächst aber hatte Milan die Chance, auf 4:0 zu erhöhen und das Spiel zu entscheiden, doch den hart und flach geschossenen Freistoß von Andrij Schewtschenko parierte Jerzy Dudek. Es war die erste von vier exzellenzen Paraden des polnischen Torwarts gegen den ukrainischen Stürmer an diesem Abend.

Das erste Tor für Liverpool in diesem Finale erzielte dann der Kapitän. Steven Gerrard köpfte zum 1:3 ein, und als er zum Mittelkreis zurücklief, animierte er die Anhänger seiner Mannschaft mit deutlichen Armgesten nicht nachzulassen: Wir werden hier nicht abgeschlachtet.

Zwei Minuten später knallte Gerrards tschechischer Teamkollege Vladimír Šmicer einen für Milan-Keeper Dida haltbaren Aufsetzer ins lange linke Eck – 2:3. An der Seitenlinie stand Milan-Coach Carlo Ancelotti, blickte auf das Unfassliche und »hackte« mit seinen Zähnen auf einem Kaugummi herum. Später sagte er über diese Phase des Spiels: »Ich glaube, keiner kann erklären, was da geschah.«

Plötzlich fiel Gerrard nach einem Steilpass von Carragher im Strafraum der Italiener um. Es gab Elfmeter. Dida parierte Xabi Alonsos ersten Schuss, aber der nachsetzende Spanier rammte seinen zweiten Versuch aus kurzer Distanz ins Netz. 3:3. Binnen sechs Minuten hatte Liverpool ein totes Spiel wiederbelebt. Solch ein Comeback hatte noch nie eine Mannschaft in einem Finale dieses Europapokals hinbekommen.

AC Mailand – FC Liverpool
3:3 n.V. (3:3, 3:0), 2:3 n.E.

Atatürk-Olympiastadion (Istanbul),
70 024 Zuschauer
25. Mai 2005

AC Mailand
Dida – Cafu, Alessandro Nesta, Jaap Stam, Paolo Maldini – Gennaro Gattuso (112. Rui Costa), Andrea Pirlo, Clarence Seedorf (86. Serginho), Kaká – Andrij Schewtschenko, Hernán Crespo (85. Jon Dahl Tomasson)
Trainer: Carlo Ancelotti

FC Liverpool
Jerzy Dudek – Steve Finnan (46. Dietmar Hamann), Sami Hyypiä, Jamie Carragher, Djimi Traoré – Steven Gerrard, Luis García, Xabi Alonso, John Arne Riise – Harry Kewell (23. Vladimír Šmicer), Milan Baroš (85. Djibril Cissé)
Trainer: Rafael Benítez

Schiedsrichter: Manuel Mejuto González (Spanien)
Tore: 1:0 Paolo Maldini (1.), 2:0 Hernán Crespo (39.), 3:0 Hernán Crespo (43.), 3:1 Steven Gerrard (54.), 3:2 Vladimír Šmicer (56.), 3:3 Xabi Alonso (60.)
Elfmeterschießen: Serginho verschießt, 0:1 Dietmar Hamann, Andrea Pirlo verschießt, 0:2 Djibril Cissé, 1:2 Jon Dahl Tomasson, John Arne Riise verschießt, 2:2 Kaká, 2:3 Vladimír Šmicer, Andrij Schewtschenko verschießt

Drei Minuten vor dem Ende hatte Milan die große Siegchance, doch mit zwei irren Reflexen parierte Dudek Schewtschenkos Kopfball und dessen Nachschuss aus kurzer Distanz. »Als Schewtschenko diese Möglichkeit ausließ, wusste ich, dass wir im Elfmeterschießen gewinnen würden«, sagte Dietmar Hamann später. Milan-Stürmer Hernán Crespo ging es ähnlich: »Ich hatte gedacht, meine Tore hätten das Spiel für uns gewonnen. Aber ich wusste, dass diese Parade der Moment war, an dem wir dem Cup ›bye-bye‹ sagten.«

Nachdem alle sechs Treffer in der regulären Spielzeit in ein und dasselbe Tor im nagelneuen und von den Einheimischen nicht besonders geliebten, weit außerhalb der Innenstadt gelegenen Atatürk-Olympiastadion, dem übrigens größten Stadion der Türkei, erzielt worden waren – fielen am Ende auch alle weiteren fünf Treffer dieses denkwürdigen Finals in jenes Tor. Nach einer torlosen Verlängerung ging es ins Elfmeterschießen, in dem Jerzy Dudek zum entscheidenden Mann wurde.

Nachdem Serginho für Milan verschossen hatte, hielt Dudek zunächst gegen Andrea Pirlo. Dann, um 29 Minuten nach Mitternacht, scheiterte der ukrainische Stürmer Andrij Schewtschenko zum vierten und letzten Mal in dieser Nacht am Liverpooler Torwart. »Ich war so fokussiert«, sagte Dudek, »ich habe nicht mal mitbekommen, dass meine Parade gegen Schewtschenko bedeutete, dass wir gewonnen hatten. Erst als ich den Rest der Jungs auf mich zulaufen sah, wusste ich, was geschehen war.« ///

Gescheitert. *Andrij Schewtschenko verschießt den entscheidenden Elfmeter für Milan, Jerzy Dudek bekommt die Hand noch an den Ball.*

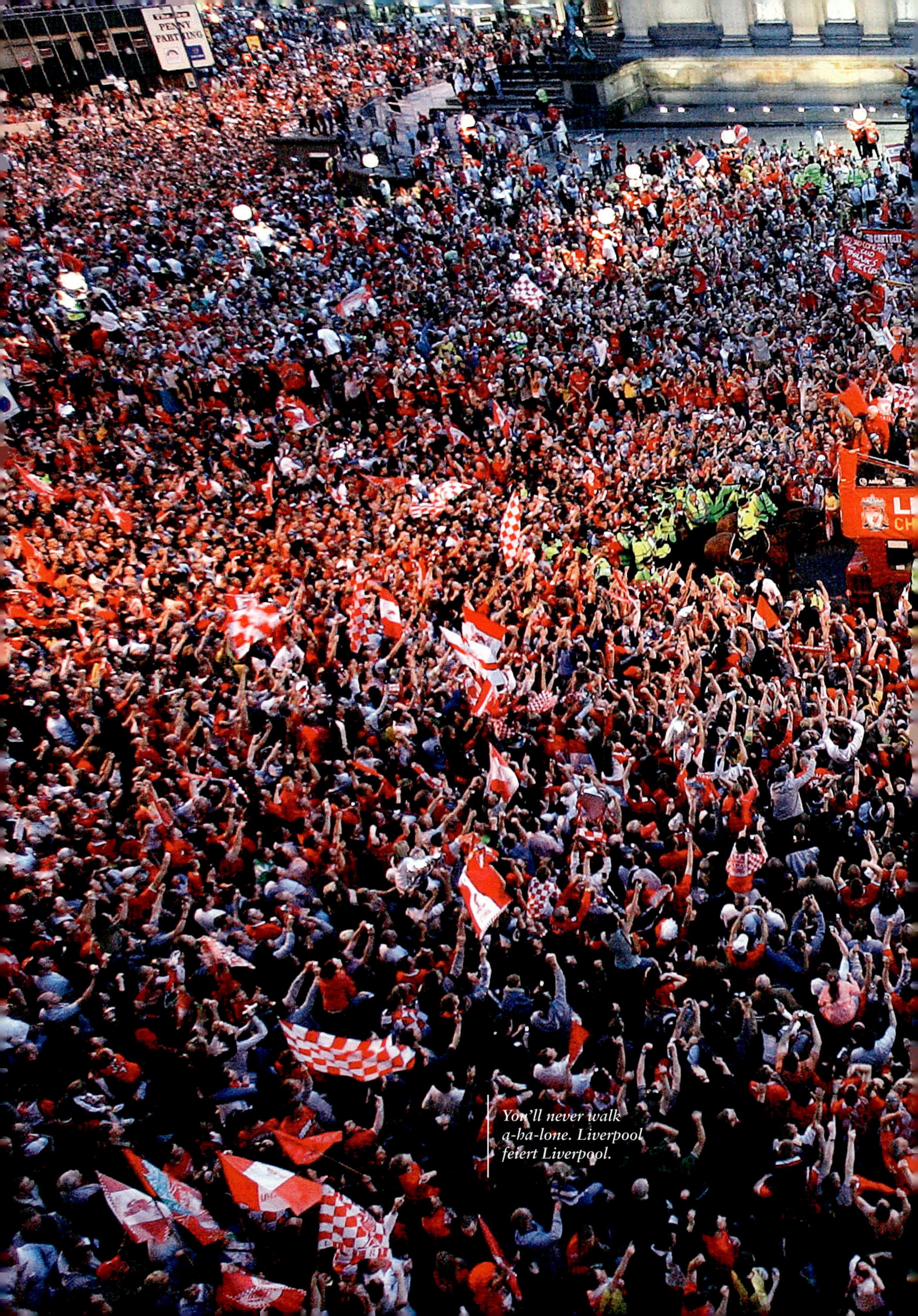

You'll never walk a-ha-lone. Liverpool feiert Liverpool.

RPOOL FC
2005
ONS OF EUROPE

MOURINHOS ERSTER COUP

Saison 2003/04 /// FC Porto

Wenig Freiraum. *Viel Platz zur Entfaltung blieb beiden Mannschaften im zugestellten Mittelfeld nicht. Hier wird gerade Portos Deco von der monegassischen Defensive gemangelt.*

»Jetzt bin ich Europacupsieger«, stellte José Mourinho mit einem Gesicht fest, das sagte: Ihr habt mich hier nicht das letzte Mal gesehen, mit den Händen an diesem Pokal. Und dann sagte er: »Ich bin jetzt ganz ehrlich: Ich möchte den FC Porto trotz gültigem Vertrag verlassen. Ich habe gute Angebote und werde diese am Donnerstag im Detail anschauen.« Chelseas Besitzer Roman Arkadjewitsch Abramowitsch hatte dem 41-jährigen Portugiesen die lukrativste Offerte unterbreitet, der Wechsel nach London war nur noch die Frage einer Unterschrift.

Er wolle als Trainer wachsen, begründete Mourinho seine Entscheidung: »Es ist nicht mein Ehrgeiz, in den nächsten 15 Jahren nur diesen einen Champions-League-Titel gewonnen zu haben.« Natürlich wusste er, dass die Umsetzung seiner Ziele mit dem dünnen finanziellen Fundament in Porto nicht drin sein würde. In zwei Jahren hatte er das absolute Maximum aus dem Club herausgeholt: fünf von sechs möglichen nationalen Titeln gewonnen, dazu den UEFA-Cup und nun die Champions League. José Mourinho war der erfolgreichste Trainer, den der FC Porto jemals gehabt hatte. Seinen Job hatte er mehr als nur erledigt.

Vom nebenberuflichen Assistenztrainer eines Kleinstadtvereins nahe Lissabon hatte sich José Mário Santos Mourinho hochgearbeitet: Über Sporting Lissabon, wo er dem ehemaligen englischen Nationaltrainer Bobby Robson zunächst als fußballfachkundiger Übersetzer zur Seite stand. Robson nahm Mourinho nach Porto und schließlich zum FC Barcelona mit. Seine erste Stelle als Cheftrainer nahm der Portugiese in seiner Heimat, bei Benfica Lissabon, an, wo gerade Jupp Heynckes gefeuert worden war. Drei Monate später schied Mourinho wegen Differenzen mit der Clubführung aus. Cheftrainer blieb er beim Provinzclub União Leiria, den er auf Platz vier der ersten portugiesischen Liga führte – das beste Abschneiden in der Vereinshistorie. Porto holte ihn im Januar 2002.

Zwei Jahre darauf hatte José Mourinho, nachdem sein Team Manchester United, Olympique Lyon und Deportivo La Coruña aus dem Wettbewerb geworfen hatte, sein erstes Champions-League-Finale erreicht. Dort wartete mit dem AS Monaco ein Team mit einem ähnlich interessanten, aufstrebenden Mann auf der Bank, der als Spieler schon sehr erfolgreich gewesen war. Mit 35 Jahren war der Franzose Didier Deschamps ein wenig jünger und kein nach außen gekehrter Typ wie Mourinho. Den Welt-, Europameister und ehemaligen Klassespieler von Olympique Marseille, Juventus Turin, Chelsea und Valencia trieb eine durchaus mit der des Portugiesen vergleichbare Idee des Fußballspiels an: Das Kollektiv geht vor allem. Weil man eben nicht die besten Fußballer der Welt in seiner Mannschaft hat, sind Spielaufbau und Taktik wesentlich. Oder, um ein Bild von José Mourinho zu übernehmen: »Wir halten unsere taktische Philosophie so rigoros ein, dass wir auch mit verbundenen Augen spielen könnten.«

Doch im Gegensatz zu den Defensivkünstlern aus Porto kam der AS Monaco ins Finale von Gelsenkirchen mit den meisten erzielten Treffern aller an dieser Champions League teilnehmenden Mannschaften. 27-mal hatten sie getroffen, allein dem von Real Madrid ausgeliehenen Fernando Morientes waren im Viertelfinale gegen Real und eine Runde später gegen Chelsea sieben(!) Tore gelungen. Doch im Finale war er nicht zu sehen.

Denn Porto zerdrückte mit seiner Teamarbeit regelrecht das Spiel im Mittelfeld. Monaco gab in 90 Minuten keinen Schuss aufs Portuenser Tor von Vítor Baía

AS Monaco – FC Porto
0:3

Arena AufSchalke (Gelsenkirchen), 53 000 Zuschauer
26. Mai 2004

AS Monaco
Flavio Roma – Hugo Ibarra, Julien Rodriguez, Gaël Givet (72. Sébastien Squillaci), Patrice Evra – Édouard Cissé (64. Shabani Nonda), Lucas Bernardi, Akis Zikos – Ludovic Giuly (23. Dado Pršo), Jérôme Rothen, Fernando Morientes
Trainer: Didier Deschamps

FC Porto
Vítor Baía – Paulo Ferreira, Jorge Costa, Ricardo Carvalho, Nuno Valente – Costinha, Pedro Mendes, Maniche, Deco (85. Pedro Emanuel) – Carlos Alberto Gomes (60. Dimitri Alenitschew), Derlei (78. Benni McCarthy)
Trainer: José Mourinho

Schiedsrichter: Kim Milton Nielsen (Dänemark)
Tore: 0:1 Carlos Alberto Gomes (39.), 0:2 Deco (71.), 0:3 Dimitri Alenitschew (75.)

Der erste Kuss. Noch-Porto-Trainer José Mourinho weiß hier wahrscheinlich schon, dass es nicht sein letzter zärtlicher Kontakt mit diesem Pokal sein wird.

Tausend Papppokale. Nach dem UEFA-Cup im Vorjahr, das zeigten Portos Fans, wollten sie nicht ohne die wichtigere Champions-League-Trophäe aus Gelsenkirchen heimkehren.

ab. Porto versuchte es dreimal und traf dreimal, zweimal nach Kontern. »Perfekt, messerscharf und berechnend, gleichzeitig aber auch kalt und nüchtern, sodass sich niemand daran erwärmen konnte«, sollte die *Neue Zürcher Zeitung* später die Spielweise Portos treffend beschreiben.

Vor dem Anpfiff hatte Mourinho davon gesprochen, dass Kleinigkeiten das Match entscheiden würden. Und so kam es, auch weil Monacos genialer Kapitän Ludovic Giuly wegen einer Leistenverletzung früh ausgetauscht werden musste. »Danach konnten wir viel besser nach vorn gehen«, sagte Mourinho, der dann sah, wie Regisseur Deco lässig das 1:0 von Carlos Alberto noch vor der Halbzeit vorbereitete. Ein Tor, das nicht nur nach Ansicht von José Mourinho »das Gleichgewicht des Spiels zerstörte«.

Porto zog sich zurück. Für den offensiven Carlos Alberto kam Dimitri Alenitschew, der da noch nicht wissen konnte, dass er eine halbe Stunde später der erste Russe sein würde, der die Champions League gewinnt. Monaco suchte den Ausgleich, griff an, und dann passierte etwas Merkwürdiges. Statt ein Foul an einem Monegassen zu pfeifen, ließ der dänische Referee Kim Milton Nielsen das Spiel weiterlaufen, es entwickelte sich ein Konter, den Deco mit dem 2:0 für Porto abschloss. Vier Minuten darauf erledigte Alenitschew Monacos letzte Hoffnungen mit seinem Treffer zum 3:0. »Einige Episoden«, sagte Monacos Trainer Didier Deschamps nach Abpfiff immer noch irritiert, »sind nicht zu unseren Gunsten gelaufen.« ///

DIDA

ZWEI HELDEN, EIN GEBRÜLL …

Saison 2002/03 /// AC Mailand

Zwei Helden, ein Schrei. *Milan-Torhüter Dida, der drei Elfmeter hielt, und sein Mannschaftskollege Andrij Schewtschenko, der den entscheidenden Elfmeter im Juventus-Tor unterbrachte.*

Seit dem Jahre 2000 waren nationale Endspiele um die Champions League etwas in Mode gekommen. Nach dem spanischen Duell zwischen Real Madrid und dem FC Valencia trafen im Stadion Old Trafford von Manchester nun die zwei großen italienischen Mannschaften der letzten Jahrzehnte aufeinander: der AC Mailand und Juventus Turin. Theater der Träume nennt man das Stadion, in dem Manchester United seine Heimspiele auszutragen pflegt. Ein Name, der auch der Sehnsucht Ausdruck verleiht, in einer unansehnlichen Stadt wie Manchester wenigstens mit dem Fußball eine schöne Sache zu bewahren.

Bedauerlicherweise hatten sich Italiens Vorzeigefußballer intuitiv darauf verständigt, nach einer sehr ansehnlichen, 20-minütigen Ouvertüre dann doch die hässliche Variante ihres Spiels im Old Trafford vorzuführen. Also: keine Tore, zugepfropfte Mittelfelder, defensive Disziplin. Insgesamt war es ein zähes, von der Angst des Rückstands geprägtes Match. Im besten Fall konnte man sich einreden, die Sache fände auf hohem technisch-taktischen Niveau statt. Schließlich blieb einem aber wirklich gar nichts anderes übrig, als die Analyse von Marcello Lippi zu teilen. »Der ganze Abend ging schief, es war schlimm, schrecklich, grauenhaft«, erkannte Juves Trainer eine gewisse Mitschuld an.

Dabei ging es nicht nur für den Verlierer schief, insgesamt war die Partie ein Graus, das konnte auch die in Mailand verlegte *Gazetta dello Sport*, gemeinhin ein Blatt, das es mit dem italienischen Fußball lieber wohl als kritisch hält, nicht mehr schönreden: »Dieses qualitätsarme Spiel hat die Kritik an unserem Fußball wieder geweckt.« Und weil ihre Mannschaften aus Valencia, Barcelona und Madrid im Wettbewerb allesamt an italienischen Teams gescheitert waren, holten die in ihrer Eitelkeit gekränkten spanischen Sportgazetten schnell zum Rundumschlag aus: »Das Finale war ein Attentat auf den Fußball. Es sollte verboten werden, dass sich zwei italienische Klubs in einem Endspiel gegenüberstehen«, forderte *As*. Und *Marca* formulierte unmissverständlich: »Gebt den Pott wieder her! Ihr seid Langweiler!«

Auch das war nicht falsch gesehen, denn die Langeweiler aus Turin etwa hatten in den 120 Minuten samt Verlängerung gerade mal einen lächerlichen Torschuss zustande gebracht. Im Elfmeterschießen vergaben Lippis Spieler dann sogar mehr Elfmeter als sie verwandelten. Da fiel dem ebenfalls überhaupt nicht berauschenden AC Mailand der Pokal ganz nebenbei quasi zum sechsten Mal in die Hände. »Ein Finale«, sagte Lippi, »ist ein Match für große Spieler. Und die großen Spieler waren heute nicht da.« So fehlte dem Juve-Coach etwa der Tscheche Pavel Nedved aufgrund einer Sperre. Und als Lippi sich bei seinen Jungs vor dem Elfmeterschießen höflich erkundigte, wer denn nun in die Verantwortung gehen wolle, da »haben fünf Spieler nein gesagt – und ich kann als Trainer doch nicht selber schießen!«

Natürlich war es alles fürchterlich frustrierend. Denn nach 1997 (gegen Borussia Dortmund) und 1998 (gegen Real Madrid) verloren die Turiner ihr drittes Endspiel binnen sechs Jahren. Und immer hatte Marcello Lippi dabei als Trainer von außen sehen müssen, wie es wieder nichts wurde. So blieb dem grauhaarigen Mann in dieser Spielzeit mit der Endstation Old Trafford allein der schöne Triumph gegen Real Madrid im Halbfinale. Da hatte seine Mannschaft gegen »die besten Spieler der Welt« (Lippi) beim 3:1-Sieg grandiosen Fußball

Juventus Turin – AC Mailand
0:0 n.V., 2:3 n.E.

Old Trafford (Manchester),
63 215 Zuschauer
28. Mai 2003

Juventus Turin
Gianluigi Buffon – Lilian Thuram, Igor Tudor (42. Alessandro Birindelli), Ciro Ferrara, Paolo Montero – Alessio Tacchinardi, Edgar Davids (66. Marcelo Zalayeta), Mauro Camoranesi (46. Antonio Conte), Gianluca Zambrotta – Alessandro Del Piero, David Trezeguet
Trainer: Marcello Lippi

AC Mailand
Dida – Alessandro Costacurta (66. Roque Júnior), Alessandro Nesta, Paolo Maldini, Kacha Kaladse – Gennaro Gattuso, Andrea Pirlo (71. Serginho), Rui Costa (87. Massimo Ambrosini), Clarence Seedorf – Andrij Schewtschenko, Filippo Inzaghi
Trainer: Carlo Ancelotti

Schiedsrichter: Markus Merk (Deutschland)
Tore: keine
Elfmeterschießen: David Trezeguet verschießt, 0:1 Serginho, 1:1 Alessandor Birindelli, Clarence Seedorf verschießt, Marcelo Zalaveta verschießt, Kacha Kaladse verschießt, Paolo Montero verschießt, 1:2 Alessandor Nesta, 2:2 Alessandro Del Piero, 2:3 Andrij Schewtschenko

gezeigt, aber wohl auch zu viel an Kraft und Substanz gelassen. Im Finale konnte Juve keine auch nur annähernd ähnliche Leistung abrufen.

Bei allen Beschwerden über italienischen Fußball darf die Personalie Paolo Maldini an dieser Stelle nicht vergessen werden. Der damals 34-Jährige durfte neben dem Sieg auch noch ein kleines Familienjubiläum feiern. Exakt 40 Jahre nachdem sein Vater Cesare als Kapitän Milans mit einem 2:1 gegen Benfica Lissabon die Trophäe für Europas beste Vereinsmannschaft gewonnen hatte, nahm nun auch Maldini junior als »Capitano« den silbernen Pokal entgegen. »Ich habe schon viele Titel errungen«, sagte Paolo Maldini, »aber heute war es wie beim ersten Mal.« Ebenfalls eine Premiere war, dass Milan als Meisterschaftsvierter der Vorsaison in Italien die Champions League gewann.

Endlich bunt hier. Das Finale der Italiener war eine farblose Angelegenheit, daran änderten auch die UEFA-Konfettikanonen bei der Siegesfeier nichts.

Das Drama, das den Zuschauern im Theater der Träume von Manchester zuletzt blieb, war das Elfmeterschießen, das inmitten all der Juventus-Milan-Versager doch noch zwei Helden produzierte: die beiden Torhüter nämlich. Gianluigi Buffon parierte zwei Versuche. Und Milan-Torwart Dida, der vor jedem Elfmeter gegen ihn gebetet hatte, ließ sich nicht von David Trezeguet, Marcelo Zalayeta und Paolo Montero bezwingen. Den siegbringenden Elfmeter für Milan verwandelte schließlich Andrij Schewtschenko. Zwei Jahre später sollte der Ukrainer sich in einem denkwürdigen Champions-League-Finale in einer vergleichbaren Position befinden. Da allerdings verschoss »Schewa« im Elfmeterschießen gegen Liverpool. ///

NEIN

Saison 2001/02 /// Real Madrid

Abschuss. *Zinédine Zidane (Real Madrid) hat soeben jenen Ball auf den Weg gebracht, der das Finale zu Ungunsten von Bayer Leverkusen entscheiden wird. Michael Ballack scheint das zu wissen.*

Im Kölner Karneval gibt es ein traditionelles Lied, dessen Refrain allein schon der geografischen Nähe wegen vielen Fans von Bayer Leverkusen geläufig sein dürfte. Er beginnt so: »Dreimol null es null bliev null« (»Dreimal null ist null bleibt null«).

Binnen zwölf Tagen stand Bayer Leverkusen zum Ausklang der Saison 2001/2002 in entscheidenden Spielen. Zunächst verspielte man in den letzten drei Begegnungen der Meisterschaft einen Fünf-Punkte-Vorsprung auf Borussia Dortmund, dann unterlag man im DFB-Pokal gegen den FC Schalke 04 und schließlich stand das Finale der Champions League gegen Real Madrid an.

Madrid kam in einer sehr vergleichbaren Verfassung in den Glasgower Hampden Park, wo die große Mannschaft des Clubs um Alfredo Di Stéfano, Ferenc Puskás und Francisco Gento 42 Jahre zuvor vor 135 000 Zuschauern (Rekord) mit 7:3 (Rekord) den fünften Landesmeistertitel in Serie (Rekord) gewonnen hatte – gegen Eintracht Frankfurt übrigens. Aber jetzt im Jahr des 100. Clubgeburtstags lief für Real wenig standesgemäß. Dritter waren sie in der Meisterschaft geworden, das Pokalfinale hatten sie wie Bayer verloren. Und also galt für die Mannschaft von Trainer Vicente del Bosque Ähnliches wie für das Team von Klaus Toppmöller: Ein Sieg konnte alles vergessen machen, eine Niederlage wäre eine Katastrophe, nicht nur wirtschaftlich.

»Wir alle waren heute nervös«, sagte denn auch Madrids Sportdirektor Jorge Valdano nachher, »am allermeisten die Spieler.« Was auf die Mannschaft Reals gemünzt war, entpuppte sich als allgemein gültige Regel für die Eröffnungsphase des Spiels. Das 1:0 für die Favoriten fiel schnell. In der achten Minute schleuderte Roberto Carlos von der Mittellinie einen seiner weiten Einwürfe in den Lauf von Raúl. Der lenkte den Ball mit seinem linken Fuß ins rechte Eck und Jörg Butt bückte sich wie ein alter Mann mit Hüftschaden zu spät nach der Kugel. Man habe, sagte Toppmöller, diese Einwürfe eingehend auf Video studiert, »und dann so etwas. Die Mannschaft bestraft sich selbst.«

Immerhin erfolgte der Ausgleich durch Lúcios Kopfball im Anschluss an einen Freistoß von Bernd Schneider zügig. Und in der Folge hatte Leverkusen das Spiel bis zur Halbzeit im Griff, zeigte ein Kurzpassspiel, mit dem Real nichts zurechtkam. Kurz vor dem Halbzeitpfiff allerdings schlief Leverkusens Abwehr ein zweites Mal: »Da steht der Zidane blank«, sagte Toppmöller. Und der Franzose, der zuvor zwei Finalspiele verloren hatte, ließ von der Strafraumkante einen satten Volleyschuss zum 2:1 ab. »Ich habe ein nettes Tor geschossen«, sagte Zidane, für den Fußball-Fan und Motivkrawattenliebhaber Toppmöller war es ein »Welttor«.

Die zweite Halbzeit verlief unspektakulär, bis kurz vor Schluss, als Leverkusen noch einmal aufdrehte – eingeladen durch eine satte Nachspielzeit von sieben Minuten des Schweizer Schiedsrichters Urs Meier. In den letzten Momenten brachte Bayer den Ball viermal aufs Tor: Während Butts Kopfballaufsetzer über die Latte hinwegflog, wehrte der für den verletzten César eingewechselte Iker Casillas alle weiteren Versuche ab. Den von Bastürk, den von Berbatow mit dem Fuß und schließlich auch noch einen Kopfball des Bulgaren, den er ebenfalls auf der Linie mit dem Fuß entsorgte. Von den Tribünen klangen laute »I-ker, I-ker«-Sprechchöre herab, dann pfiff Urs Meier ab. Der 20-jährige Iker

Bayer 04 Leverkusen – Real Madrid
1:2 (1:2)

Hampden Park (Glasgow),
51 456 Zuschauer
15. Mai 2002

Bayer 04 Leverkusen
Hans Jörg Butt – Zoltan Sebescen (65. Ulf Kirsten), Boris Živkovic, Lúcio (90.+1 Marko Babic), Diego Placente – Carsten Ramelow, Bernd Schneider, Michael Ballack, Thomas Brdaric (39. Dimitar Berbatow), Yıldıray Bastürk – Oliver Neuville
Trainer: Klaus Toppmöller

Real Madrid
César Sánchez (68. Iker Casillas) – Míchel Salgado, Fernando Hierro, Iván Helguera, Roberto Carlos – Claude Makelele (73. Flávio Conceição), Luís Figo (61. Steve McManaman), Santiago Solari, Zinédine Zidane – Raúl, Fernando Morientes
Trainer: Vicente del Bosque

Schiedsrichter: Urs Meier (Schweiz)
Tore: 0:1 Raúl (8.), 1:1 Lúcio (13.), 1:2 Zinédine Zidane (45.)

Casillas weinte, er hatte Real verlassen wollen, weil ihm seit März César vorgezogen worden war. Jetzt, nach dem Gewinn des neunten europäischen Landesmeistertitels Madrids, sollte Casillas bleiben, lange bleiben.

Bei Bayer brach die Mannschaft auseinander. Michael Ballack, der wegen einer Fußverletzung kaum hatte trainieren können und gegen Real eine ordentliche Leistung anbot, wechselte zu Bayern München. »Es wird Zeit brauchen, bis wir verstehen, was hätte sein können«, sagte Ballack schwermütig. Acht Jahre später und nach einem weiteren Zwischenstopp beim FC Chelsea sollte er nach Leverkusen zurückfinden. Neben Ballack verließ auch der im Endspiel gesperrte Zé Roberto den Club. Er folgte Ballack nach München.

Dieser Wechsel zweier zentraler Spieler, der Schock, eine tolle Saison ohne irgendeinen Titel abgeschlossen zu haben, und die Tatsache, dass der Hauptsponsor die Investitionen in die Mannschaft stark beschränkte, führten zu einem Problem, von dem an diesem Abend in Glasgow niemand etwas ahnte. »Wer zu Beginn der Saison prophezeit hätte, dass wir dreimal Zweiter werden, wäre in die Klapsmühle gekommen«, sagte Trainer Klaus Toppmöller. Wer aber hätte angesichts der formidablen Leistung gegen Real schon prophezeit, dass Toppmöller in der kommenden Saison wegen Erfolglosigkeit entlassen werden würde? Dass sein Nachfolger Thomas Hörster den Niedergang nicht stoppen und erst zwei Siege unter dem neuen Trainer Klaus Augenthaler in den letzten beiden Saisonspielen Bayer vor dem Bundesliga-Abstieg retten würden? Niemand. ///

***Randgruppe.** Bayer Leverkusen sieht zu, wie Real Madrid seinen Europapokalsieg im Glasgower Hampden Park feiert.*

… UND KAHN TAT, WIE IHM GEHEISSEN

Saison 2000/01 /// FC Bayern München

Mitteilung aus der Kurve. *Mit einer imposanten Choreografie unterstützen die angereisten Fans im Mailänder Stadion den FC Bayern gegen Valencia.*

Wie in Trance. *Oliver Kahn schreitet einsam in das Tor, das fürs Elfmeterschießen ausgewählt worden war. Im Hintergrund stützen sich seine Kollegen gegenseitig.*

OPEL

In den letzten 25 Jahren waren sie ihm dreimal wieder begegnet. Aber nicht einmal hatten die Spieler des FC Bayern München den Landesmeister-Pokal berühren können. Mit der »Trophäe mit den beiden großen Ohren« liefen nach den Endspielen immer nur die anderen die Ehrenrunden. 1982 Aston Villa, 1987 der FC Porto und zuletzt vor zwei Jahren Manchester United, in einem Endspiel, das in der Erinnerung der meisten Bayern-Fans bis heute als traumatischer Schock gespeichert ist.

So blieb der Erfolg im Endspiel von 1976 in Glasgow gegen AS St. Etienne der letzte große Triumph des deutschen Rekordmeisters. Das war zu einer Zeit, als die Champions League noch der Europapokal der Landesmeister war. »Bulle« Roth, Franz Beckenbauer, Gerd Müller und der junge Karl-Heinz Rummenigge trugen das Münchener Trikot. Und in Karlsruhe hatte im Jahr zuvor ein kleiner Junge von seinem Onkel eine Torwartausrüstung »Modell Sepp Maier« geschenkt bekommen. Daraufhin war der Feldspieler Oliver Kahn zwischen die Pfosten gegangen.

Der 23. Mai 2001 war, wie es die Bayern-Fans in Mailand auf Riesentransparente geschrieben hatten, ein »guter Tag, um Geschichte zu schreiben«. Es galt auch, die irre Niederlage gegen Manchester in Barcelona vergessen zu machen. Und es klappte gegen den FC Valencia, wenn auch erst im Elfmeterschießen. Der erste große Titel seit 1976. »Ich habe lange, lange darauf gewartet. Jetzt bin ich glücklicher, als ich es damals in Glasgow war«, sagte Uli Hoeneß am Abend in Mailand.

Auf dem Weg zum Cup hatten die Bayern Mannschaften geschlagen, die ihnen in Etat und finanzieller Ausstattung überlegen waren: Arsenal London, Manchester United, Real Madrid und eben auch Valencia. »Wir haben stets versucht, auf gesunder wirtschaftlicher Basis den maximalen sportlichen Erfolg zu erzielen«, sagte Hoeneß. »Mit dem heutigen Tag ist der Beweis erbracht, dass dies möglich ist.«

Auch wenn es sportlich keine Beweisführung der überzeugendsten Art war. Am Ende war der FC Bayern die nervenstärkere zweier Mannschaft, die an diesem Abend im Giuseppe-Meazza-Stadion bemüht war, das Spiel des Gegners zu zerstören. Und schließlich spielte es auch keine Rolle mehr, dass Valencias Torwart Santiago Cañizares im Spiel sogar zwei Elfmeter gehalten hatte. Zum zweiten Mal binnen zwölf Monaten hatte seine Mannschaft das Finale der Champions League erreicht, und zum zweiten Mal hatten sie es verloren. Nach dem 0:3 gegen Real Madrid erwies sich diesmal München als stärker, auch weil dessen Torhüter Oliver Kahn sogar drei Elfmeter hielt. Überhaupt, es war ein Spiel der Elfmeter.

Drei durchaus bis mindestens fragwürdige Strafstöße hatte der niederländische Schiedsrichter Dick Jol in der regulären Spielzeit schon vergeben. Den ersten für Valencia nach einem vermeintlichen Handspiel von Bayerns Patrik Andersson verwandelte Gaizka Mendieta in der dritten Minute zur Führung. Zwei Minuten später vergab Mehmet Scholl für die Bayern, Jocelyn Angloma hatte Stefan Effenberg im Strafraum zart gerempelt. Und den dritten Strafstoß – der eingewechselte Carsten Jancker hatte Amedeo Carboni gefoult, der Verteidiger den Ball daraufhin mit der Hand berührt –, den versenkte Effenberg gekonnt zum Ausgleich nach 50 Minuten.

Dazwischen hatte sich zwischen den beiden defensivstärksten Mannschaften Europas eine sehr körperbetont geführte Partie entwickelt, in der um jede Ak-

FC Bayern München – FC Valencia
1:1 n.V. (1:1, 0:1), 5:4 i. E.

Giuseppe-Meazza-Stadion (Mailand),
74 500 Zuschauer
23. Mai 2001

FC Bayern München
Oliver Kahn – Samuel Kuffour, Patrik Andersson, Thomas Linke – Willy Sagnol (46. Carsten Jancker), Stefan Effenberg, Owen Hargreaves, Bixente Lizarazu – Hasan Salihamidžič, Giovane Élber (100. Alexander Zickler), Mehmet Scholl (108. Paulo Sérgio)
Trainer: Ottmar Hitzfeld

FC Valencia
Santiago Cañizares – Jocelyn Angloma, Roberto Ayala (90. Miroslav Đukić), Mauricio Pellegrino, Amedeo Carboni – Gaizka Mendieta, Rubén Baraja, Kily González – Pablo Aimar (46. David Albelda) – Juan Sánchez (66. Zlatko Zahovič), John Carew
Trainer: Héctor Cúper

Schiedsrichter: Dick Jol (Niederlande)
Tore: 0:1 Gaizka Mendieta (3./Handelfmeter), 1:1 Stefan Effenberg (50./Handelfmeter)
Elfmeterschießen: Paulo Sérgio verschießt, 0:1 Gaizka Mendieta, 1:1 Hasan Salihamidžič, 1:2 John Carew, 2:2 Alexander Zickler, Zlatko Zahovič verschießt, Patrik Andersson verschießt, Amedeo Carboni verschießt, 3:2 Stefan Effenberg, 3:3 Rubén Baraja, 4:3 Bixente Lizarazu, 4:4 Kily González, 5:4 Thomas Linke, Mauricio Pellegrino scheitert an Oliver Kahn

Kahn hält – aus!
Im Elfmeterschießen bringt Valencias Verteidiger Mauricio Pellegrino den Ball nicht am Bayern-Torwart vorbei. Das hat Jubelfolgen größeren Ausmaßes.

Im Konfettiregen.
Bayerns Kapitän Stefan Effenberg reißt den Pokal hoch – es ist geschafft. Das Trauma von 1999, die Niederlage gegen Manchester United, ist besiegt.

tion und jeden Raum gerungen wurde. Nach der 1:0-Führung hatte Valencia das Spiel selbstverliebt weggegeben, und damit begann eine, wie die Zeitung *El País* später schrieb, »lange und langsame Agonie«. Das Spiel wurde noch unansehnlicher, wie es auch der Bayern-Trainer in bestem Hitzfeld-Deutsch ausdrückte: »In der zweiten Halbzeit gab es einen Qualitätsverlust, der sich auch in die Verlängerung zog.«

Vor Beginn des unausweichlichen Elfmeterschießens hatte die Mannschaft von Bayern München einen Kreis gebildet, um sich auf das Kommende einzuschwören. Oliver Kahn blieb daneben stehen. »Ich war wie in Trance, wie im Rausch, auf einer Konzentrationsebene, die ich noch nie erreicht hatte«, sagte er. Bereits in den Spielen zuvor gegen Manchester und Madrid hatte Kahn großartig gehalten. Dann lagen die Bayern zweimal hinten, weil zunächst Paulo Sérgio und dann Patrik Andersson verschossen hatten. »Wir waren schon tot«, sagte Kahn – und dann packte er zu.

»Der geilste Elfer war der, der von meiner Hand an die Latte ging«, sagte der Torwart später. Es war der von Carboni gewesen, einem der vier Linksfüße, die Valencias Trainer Héctor Cúper nominiert hatte und von denen drei an Kahn scheiterten. »Man sollte Oliver Kahn mindestens das nächste Oktoberfest widmen«, schlug euphorisch die *Gazetta dello Sport* vor. Mehmet Scholl ordnete die Dinge lieber historisch ein. »Es ist eine besondere Belohnung, etwas geschafft zu haben, was vor uns nur die ganz Großen geschafft haben«, sagte der Mittelfeldspieler, womit er sich auf das Finale gegen Manchester 1999 bezog. »Das Trauma«, sagte Scholl, »ist besiegt«.

SPANIER UNTER SICH

Saison 1999/2000 /// Real Madrid

Englands Beitrag zum Titel. *Der ehemalige Liverpooler Steve MacManaman trifft zum vorentscheidenden 2:0 für Madrid – und gegen Valencia.*

Lange dauerte es in der Geschichte dieses wichtigsten europäischen Vereinswettbewerbs, ehe es dazu kam, dass zwei Mannschaften aus einem Land sich im Endspiel gegenüberstanden. Den Nörglern war die Partie zwischen Real Madrid und dem FC Valencia ein neuerlicher Beweis für die unsägliche Verwässerung der Champions League, an der ja nicht wie früher ausschließlich die jeweiligen Landesmeister Europas teilnahmen, was weder Madrid noch Valencia waren. Anderen diente das in Paris ausgespielte Finale zwischen den beiden spanischen Clubs vor allem als Beleg für die Erstklassigkeit des dortigen Vereinsfußballs, wiederum anderen für dessen herausragende Nachwuchsarbeit; die Debatte über die riesenhaften Schulden, die spanische Vereine in dieser Zeit anhäuften, wurde in der allgemeinen Euphorie einfach weggedrückt.

»Noch hat das Spiel nicht begonnen, und schon haben wir gewonnen«, frohlockte einer der Sponsoren der spanischen Liga in ganzseitigen Zeitungsannoncen. *El País* hatte im Vorfeld die 24-seitige Sonderbeilage *Fiesta Española en Paris* drucken lassen. Die Madrider Sportzeitung *Marca* verkaufte über zehn Tage zum Finale hin Plastikteile, die sich zu einem Nachbau des Hauptstadt-Brunnens »La Cibeles« zusammenbauen ließen, um den herum traditionell die Titel Reals gefeiert werden. In Spanien verpasste man dem Endspiel im Stade de France einen stolzen Namen: Final histórica.

In der abgelaufenen Liga-Saison hatte sich Valencia vor allem heimschwach präsentiert, auf europäischem Boden allerdings lieferte die Mannschaft um den exzellenten Kapitän Gaizka Mendieta große Erfolge ab. So schlug man im Halbfinale immerhin den FC Barcelona und verhinderte damit auch die erste Auflage des Clásico in einem europäischen Finale. Verantwortlich für den Erfolg des Clubs mit der Fledermaus im Logo war neben einer Handvoll junger aufregender, spanischer Spieler der Trainer: Zwar hätten sie Héctor Cúper in Valencia nach vier Niederlagen zu Saisonbeginn fast gefeuert, doch die Verantwortlichen gaben ihm die Zeit, mit bescheidenen finanziellen Mitteln eine Mannschaft zu formen.

»Eine Mannschaft mit einem angsteinflößenden Mittelfeld und einem hervorragenden Kollektivgeist«, wie Madrids Trainer Vicente del Bosque es vor dem Pariser Endspiel in dem Wissen ausdrückte, selbst eine Mannschaft zu verantworten, bei der das Gemeinsame äußerst kleingeschrieben wurde. Durch ein erratisches 0:1 am letzten Spieltag der heimischen Liga gegen Valladolid hatte Real die Qualifikation für die Champions League verspielt. Wollte man also auch im kommenden Jahr in der Königsklasse dabei sein, musste der achte europäische Meistertitel gewonnen werden. Sonst, so hatte Vereinspräsident Sanz seinen Angestellten vorgerechnet, würden dem Verein 60 Millionen Mark durch die Lappen gehen. Madrid war hoch verschuldet. Die Spieler hatten verstanden.

Die Frage, welche der beiden spanischen Mannschaften das Finale gewinnen werde, blieb in Paris nicht lange unbeantwortet. Von zwei offensiv ausgerichteten, im Spiel immer wieder mit Ideen und Spielzügen überraschenden Mannschaften war Real die abgeklärtere. »Real hat das Spiel von Anfang an kontrolliert«, sagte Trainer del Bosque, als rede er nicht von seiner Mannschaft, sondern von dem unglaublichen Mythos, dessen Teil er nach dem Rauswurf seines Vorgängers John Toshack mitten in der Saison hatte werden dürfen.

Real Madrid – FC Valencia
3:0 (1:0)

Stade de France (Paris),
78 759 Zuschauer
24. Mai 2000

Real Madrid
Iker Casillas – Iván Helguera – Aitor Karanka, Iván Campo – Míchel Salgado (84. Fernando Hierro), Roberto Carlos – Steve McManaman, Fernando Redondo – Raúl – Fernando Morientes (71. Sávio), Nicolas Anelka (79. Manuel Sanchís Hontiyuelo)
Trainer: Vicente del Bosque

FC Valencia
Santiago Cañizares – Jocelyn Angloma, Miroslav Đukić, Mauricio Pellegrino, Gerardo (68. Adrian Ilie) – Javier Farinós, Gaizka Mendieta, Kily González, Gerard López – Miguel Angulo, Claudio López
Trainer: Héctor Cúper

Schiedsrichter: Stefano Braschi (Italien)
Tore: 1:0 Fernando Morientes (39.), 2:0 Steve McManaman (67.), 3:0 Raúl (75.)

Zwar gelang es Valencia, auch nach dem 0:1-Rückstand durch ein Kopfballtor von Fernando Morientes das Spiel wenigstens vom Ergebnis her offenzuhalten, aber dann traf zunächst Steve MacManaman (69.) mit einem Scherenschlag aus dem Nichts. Und sechs Minuten später fiel im Anschluss an eine Ecke Valencias die endgültige Entscheidung, als Reals kurz zuvor eingewechselter Brasilianer Sávio einen langen Pass auf Raúl spielte. Der Stürmer startete in der eigenen Hälfte und hatte nur noch Valencias Torwart Santiago Cañizares vor sich, den er locker aussteigen ließ, um den Ball zum 3:0 einzuschießen. Nach dem Abpfiff weinten Valencias Spieler bitterlich, und Trainer Héctor Cúper sagte: »Wir haben nicht sehr viel richtig gemacht.«

Die innerspanische Finalbegegnung war auch als Ablösung des defensiv orientierten Fußballs der Italiener zu sehen, die die Champions League in den anderthalb Jahrzehnten zuvor dominiert hatten. Jetzt dominierte ein Offensivgeist, der als Produkt einer kulturell-ökonomischen Entwicklung verstanden werden konnte. Der argentinische Fußballpoet Jorge Valdano, der beide Mannschaften schon trainiert hatte, erklärte in einem Interview mit der *Süddeutschen Zeitung:* »Spanien hat sich in den letzten Jahren praktisch in die Vereinten Nationen des Fußballs verwandelt.« Nicht nur der Spieler aus vielen unterschiedlichen Nationen wegen, »sondern auch, weil sich Ideen aus den verschiedenen Ländern trafen«. ///

Komm Junge, lass dich drücken. *Reals Torschützen Raúl und Fernando Morientes feiern den Gewinn des achten europäischen Landesmeisterpokals für ihren Club.*

»FOOTBALL, BLOODY HELL!«

Saison 1998/99 /// Manchester United

Aus in der Nachspielzeit. *Das Unbegreifliche ist geschehen. Gerade hat Ole Gunnar Solskjær das zweite Tor binnen zwei Minuten für Manchester gegen die Bayern erzielt.*

Natürlich hat es irgendeiner noch mal ganz genau nachgerechnet. 103 Sekunden waren es. 103 Sekunden lagen zwischen jenem Tor, mit dem Teddy Sheringham das Spiel für Manchester United ausglich und jenem zweiten Treffer, mit dem der Norweger Ole Gunnar Solksjær das Spiel für Bayern München ein für allemal beendete. In der Nachspielzeit.

Es gibt Fußballspiele, die sind auf der Festplatte unseres kollektiven Gedächtnisses wegen ihrer ungeheuren Dramatik eingebrannt. Die entscheidenden Szenen bleiben jederzeit abrufbar – Youtube im eigenen Kopf: Deutschland gegen Ungarn 1954, gegen Italien 1970, gegen Frankreich 1982, gegen Holland 1990. Köln gegen Gladbach 1973. Schalke gegen Inter 1997. Am 26. Mai 1999 kam dann ein weiteres ungeheures Monster hinzu: Bayern gegen Manchester United. Oder wie die *Süddeutsche Zeitung* schrieb: »die Mutter aller Niederlagen«.

Der Tag in Barcelona hatte harmlos begonnen. Es war der Tag, an dem Manchesters Trainerlegende Matt Busby 90 Jahre alt geworden wäre. Die Straßen der Stadt waren voll mit deutschen und englischen Fans. Es war friedlich. Für die Bayern war es beruhigend zu wissen, dass eine ihrer größten Sorgen, Manchesters bissiger Kapitän, der irische Nationalspieler Roy Keane, gesperrt war, und dass mit Paul Scholes ein weiterer zentraler Mittelfeldspieler bei den Engländern fehlen würde. Das brachte die Bayern in die Favoritenrolle. Obwohl Manchester insbesondere in den Spielen gegen Inter Mailand und Juventus Turin großen Fußball gezeigt hatte.

Drei glänzen um die Wette. *Manchesters David Beckham, sein Mannschaftskollege Ryan Giggs und zwischendrin der Cup.*

Manchester United –
FC Bayern München
2:1 (0:1)

Camp Nou (Barcelona)
98 000 Zuschauer
26. Mai 1999

Manchester United
Peter Schmeichel – Gary Neville, Jaap Stam, Ronny Johnsen, Denis Irwin – Ryan Giggs, Nicky Butt, David Beckham, Jesper Blomqvist (67. Teddy Sheringham) – Andy Cole (81. Ole Gunnar Solskjær), Dwight Yorke
Trainer: Alex Ferguson

FC Bayern München
Oliver Kahn – Lothar Matthäus (81. Thorsten Fink), Markus Babbel, Samuel Kuffour, Thomas Linke, Michael Tarnat – Jens Jeremies, Stefan Effenberg – Mario Basler (89. Hasan Salihamidžič), Carsten Jancker, Alexander Zickler (71. Mehmet Scholl)
Trainer: Ottmar Hitzfeld

Schiedsrichter: Pierluigi Collina (Italien)
Tore: 0:1 Mario Basler (6.),
1:1 Teddy Sheringham (90.+1),
2:1 Ole Gunnar Solskjær (90.+3)

Aber als das Finale gerade begonnen hatte, da lagen die Engländer schon zurück. In der sechsten Minute hatte Mario Basler einen Freistoß verwandelt. Und je länger das Spiel dauerte, sah es danach aus, als könne Bayern München 23 Jahre nach dem letzten Titelgewinn im wichtigsten europäischen Vereinswettbewerb wieder erfolgreich sein. Längst war die Uhr im Nou Camp in Halbzeit zwei auf »45:00« stehengeblieben. Dann fielen zwei Tore aus dem Nichts. Es wurde tiefschwarz, und als die Bayern die Augen wieder aufmachten, war um sie herum alles nur eine Ekstase in knalligem Rot, der Vereinsfarbe von Manchester United.

»Das war die grausamste Niederlage, weil wir so nah dran waren.« (Vereinschef Franz Beckenbauer). »Es ist bitter, es ist traurig. Es ist unfassbar für Spieler und Fans, was hier passiert ist.« (Mannschaftskapitän Lothar Matthäus) »Das waren drei Minuten bis zur Ewigkeit. Da bricht eine Welt zusammen.« (Führungstorschütze Mario Basler) »Das Beste war die Party hinterher – was für eine Feier.« (Siegtorschütze Ole Gunnar Soksjær) »Ich glaube, ich werde das erst begriffen haben, nachdem ich ein paar Tage geschlafen habe.« (Bayern-Trainer Ottmar Hitzfeld) »Football, bloody hell!« (United-Trainer Alex Ferguson)

31 Jahre nach dem Sieg der Mannschaft von Matt Busby im Jahre 1968 war Manchester United wieder die beste Vereinsmannschaft Europas und darüber hinaus auch die erste englische Mannschaft, der das Triple – Meisterschaft, Pokal, Champions League – in einer Saison gelang. Als Alex Ferguson nach diesem ganzen Wahnsinn die Pressekonferenz verließ, applaudierten einige der Journalisten Manchesters Trainer, andere gingen hin, um dem Schotten höchstpersönlich die Hand schütteln zu können. Alle wussten, dass dieser Abend ein historischer war.

Dass sich das Spiel am Ende auf Baslers Tor und die 103 Sekunden in der Nachspielzeit verkürzt, wird ihm nicht gerecht. Dabei wird etwa unterschlagen, dass United nach der Bayern-Führung die bessere Mannschaft war und zweimal nur das Aluminium des Münchener Tores traf. Wobei auch die Münchener ihre Chancen hatten: Fast hätte Basler mit einem Heber aus 50 Metern Manchesters Keeper Peter Schmeichel ein zweites Mal überwunden. Mehmet Scholl traf den Pfosten, Carsten Jancker mit einem Fallrückzieher die Latte.

Natürlich verstärkte es den ganzen Irrsinn noch, dass ausgerechnet zwei Einwechselspieler, die keine gute Saison hingelegt hatten, am Ende mit diesem Sieg auf immer verbunden sein werden. Die beiden Eckbälle zu den Treffern hatte übrigens David Beckham hereingeschlagen, den der »Höhlenmensch Jeremies« *(Guardian)* in Tateinheit mit dem Kollegen Sammy Kuffour bis dahin weitestgehend kaltgestellt hatte. Mit diesen beiden Standards aber hatte der damals 24-jährige Beckham sein Jahresgehalt von 9,8 Millionen Mark in nicht einmal zwei Minuten locker eingespielt.

Der glückliche Sieg tat – wenn auch nur für einen kurzen Moment – dem angeschlagenen Selbstbewusstsein einer Nation gut, die in wichtigen Fußballspielen gegen »Krauts« eigentlich immer den Kürzeren gezogen hatte. Neben einschlägig bekannter Kriegsmetaphorik in englischen Boulevardblättern ließ sich das auch gut an einem Beitrag der *Times*-Kolumnistin Lynne Truss ablesen: »Ich wünschte, ich könnte sagen, dass die enttäuschten Gesichter der Deutschen nicht zum Vergnügen beitrugen. Aber ich müsste lügen. Jeder traurige Ausdruck, der den Fernsehschirm ausfüllte, erhöhte nur noch das Vergnügen.« ///

DAS KURZE GLÜCK DES JUPP HEYNCKES

Saison 1997/98 /// Real Madrid

32 Jahre Schmerz beendet. *Der Montenegriner Predrag Mijatović schießt Real Madrid zum ersten europäischen Meistertitel seit 1966.*

Jupp Heynckes war wieder einmal der Jupp Heynckes, wie man ihn aus seinen Jahren in der Bundesliga zu kennen glaubte. Verklemmt, unentspannt und feierfreudig bitte nur, wenn keiner zusieht. Zum Jubeln über den gerade gewonnenen Champions-League-Titel mussten ihn seine Spieler zerren, den Pokal, den ihm Christian Karembeu in die Arme gedrückt hatte, hob der 53-Jährige schüchtern kurz mal hoch und gab ihn schnellstmöglich an Karembeu zurück. Und als Heynckes von seiner Mannschaft mehrfach hochgeworfen wurde, sah man seinem gequälten Grinsen an, wie unangenehm ihm das alles war.

Jupp Heynckes war nicht zur Ausgelassenheit zumute. Er wollte alleine sein, seinen Triumph in der Amsterdam Arena in aller Ruhe mit sich auskosten. Als Spieler war er Welt- und Europameister gewesen, sicher. Aber als Trainer hatte er bis dato gerade mal zwei deutsche Meisterschaften mit dem FC Bayern München gewonnen, nicht schlecht, aber eben Erfolge in einer anderen, einer geringeren Liga als dieser. Jetzt hatte er mit Real Madrid die Champions League gewonnen, und damit war Heynckes auf einer Stufe mit seinen Landsleuten Udo Lattek, Dettmar Cramer und Ottmar Hitzfeld angekommen, jenen vier deutschen Trainern, die zuvor die wichtigste europäische Vereinstrophäe hatten gewinnen können. Jupp Heynckes war jetzt nicht mehr nur ein Trainer, er war ein großer Trainer. Ein großer Trainer, dem man respektlos begegnete.

»Wie lange werden Sie noch für die Mannschaft verantwortlich sein?«, wurde Heynckes nicht lange nach dem Schlusspfiff gefragt. »Das ist wahrscheinlich einmalig in der Geschichte des europäischen Pokals«, entrüstete sich Heynckes, »dass ein Fußballlehrer des Champions zu seiner Entlassung Stellung nehmen soll.« Häufiger war ihm in der Spielzeit vorgehalten worden, dass die Chemie zwischen ihm und der Mannschaft nicht stimme. »Jeder konnte beobachten«, sagte Heynckes, »dass mein Verhältnis zu den Spielern in Ordnung ist.« Es sei ein »Verhältnis von gegenseitigem Respekt«, sagte Heynckes. Und dann sagte der Trainer des Champions-League-Siegers: »Es war eine große Nacht für die Clubgeschichte der Institution Real Madrid.« Da lächelte Jupp Heynckes, zumindest ein bisschen.

»Jetzt kann ich sterben«, sagte der Kopf der Institution Real Madrid, Vereinspräsident Lorenzo Sanz, beim Festbankett am Abend. Für Real war es nach dem Sieg von 1966 der erste Erfolg im Meisterwettbewerb. Die Legenden Alfredo di Stefano, 71, und der Kapitän der Mannschaft von 1966, der inzwischen 64-jährige Francisco Gento, waren im Stadion dabei gewesen. Am Ende seiner Rede jedenfalls verlor Sanz dann auch ein Wort über den deutschen Trainer seiner Mannschaft. Herr Heynckes habe sich in einem problematischen Umfeld professionell verhalten. Dass vor allem er, Sanz, der Mann gewesen war, der das Umfeld problematisch hatte werden lassen, unterschlug der 55-Jährige.

Schließlich wurde Heynckes nach nur einem Jahr aus seinem noch ein Jahr laufenden Vertrag entlassen. Wegen Erfolglosigkeit. Platz vier in der heimischen Liga, eine Demütigung für Sanz und Madrids Journaille, und wenn der Meister aus Barcelona kommt, dann ist auch der historische Gewinn der Champions League nichts, was das wiedergutmachen könnte. Warum das Traineramt bei Real Madrid der vielleicht schwerste Job ist, erklärte Heynckes einmal in einem

Juventus Turin – Real Madrid
0:1 (0:0)

Amsterdam Arena (Amsterdam)
50 000 Zuschauer
20. Mai 1998

Juventus Turin
Angelo Peruzzi – Moreno Torricelli, Paolo Montero, Mark Iuliano, Gianluca Pessotto (71. Daniel Fonseca) – Angelo Di Livio (46. Alessio Tacchinardi), Didier Deschamps (78. Antonio Conte), Edgar Davids, Zinédine Zidane – Alessandro Del Piero, Filippo Inzaghi
Trainer: Marcello Lippi

Real Madrid
Bodo Illgner – Christian Panucci, Fernando Hierro, Manuel Sanchís Hontiyuelo, Roberto Carlos – Christian Karembeu, Clarence Seedorf – Fernando Redondo, Raúl (90. José Amavisca), Predrag Mijatović (89. Davor Šuker), Fernando Morientes (82. Jaime Sánchez Fernández)
Trainer: Jupp Heynckes

Schiedsrichter: Hellmut Krug (Deutschland)
Tor: 0:1 Predrag Mijatović (67.)

Welt-Interview: »Es spielt keine Rolle, ob du einen Titel geholt hast oder nicht. Das Wichtigste als Trainer bei Real ist, von den Verantwortlichen einen gewissen Kredit zu bekommen und die Fäden dann so zu ziehen, dass du immer eloquent zu allen Seiten bist. Da sind die Medien mit inbegriffen, da sie einige Entscheidungen stark beeinflussen.« Vor Heynckes war Fabio Capello ebenfalls nur ein Jahr im Amt gewesen, Jorge Valdano gerade mal anderthalb, John Toshack und Guus Hiddink nur wenige Monate.

Für das Endspiel in Amsterdam hatte Heynckes seine Mannschaft detailliert auf den favorisierten Gegner vorbereitet. Er hatte Juventus seziert, die Stärken und Schwächen in einem zehn Minuten langen Video verarbeiten lassen, das er seiner Mannschaft am Tag vor dem Finale im Schulungszentrum des niederländischen Fußballverbandes bei Utrecht vorführen ließ. Dorthin hatte man sich zurückgezogen. Heynckes wusste, dass er erstmals in der Saison seine besten elf Spieler gegen Turin aufs Feld würde bringen können.

Und was auf dem Papier ein Spiel der Superlative zu werden versprach, entpuppte sich als immerhin ansehnlich. 21 Nationalspieler standen mit dem Anpfiff in der Amsterdam Arena auf dem Platz, der einzige Nicht-Internationale war der deutsche Ex-Auswahlspieler Bodo Illgner im Tor von Real Madrid. Real, das im Wettbewerb Leverkusen und Dortmund ausgeschaltet hatte, war leidenschaftlicher, machte gegen Europas besten Sturm Del Piero/Inzaghi keinen Fehler. Und so war es am Ende ein knapper Sieg der Individualisten gegen das Kollektiv, ein Sieg des Mutes und des Glücks. Und für Jupp Heynckes war es auch ein Sieg der »Ordnung und Disziplin«. ///

Erhebender Moment von kurzer Dauer. *Was er als Spieler nie erreicht hatte, schaffte Jupp Heynckes als Trainer von Real Madrid: Er gewann den wichtigsten europäischen Vereinswettbewerb. Lange konnte sich »Don Jupp« über diesen Titel allerdings nicht freuen – er wurde bei Real entlassen.*

Das ist es. *Mit seiner ersten Ballberührung entscheidet Youngster Lars Ricken das Finale gegen Juventus.*

DIE PARTYKILLER

Saison 1996/97 /// Borussia Dortmund

Der vergessene Schütze. Zwei Tore schoss Karl-Heinz Riedle für Dortmund im Endspiel gegen Juventus. In Erinnerung ist den meisten jedoch nur Lars Rickens Bogenlampentreffer zum Schlussstand von 3:1.

Ottmar Hitzfeld und Matthias Sammer sprachen rätselhaft, düster: von atmosphärischen Störungen, verlorenem Vertrauen, Enttäuschung, ja, sogar den schlimmsten Wochen eines Lebens. Das Paar verbreitete eine Stimmung in den Katakomben des Münchener Olympiastadions, die nicht vermuten ließ, dass hier zwei Männer standen, die gerade die europäische Fußballwelt aus ihren Angeln gehoben hatten. Hitzfeld und Sammer hatten mit Borussia Dortmund die Champions League gewonnen, gegen die Übermannschaft von Juventus Turin.

Doch wurden später auch Bilder veröffentlicht, die Hitzfeld gelöster zeigten – auf dem Festbankett, mit Pickelhaube, Taktstock und Zigarre dirigierte er eine Kapelle. Und natürlich schwärmten alle immer wieder vom Wundertor des jungen Lars Ricken, jenem Monsterlupfer zum 3:1, der das Match gegen die Italiener schlussendlich entschieden hatte. Ricken feierte, Stefan Reuter und der zweifache Torschütze Karl-Heinz Riedle waren ebenfalls ausgelassen, Hitzfeld und Sammer gaben die Partykiller.

»Es war für mich eine große Enttäuschung, zu sehen«, sagte Hitzfeld, »dass man auch in Dortmund meint, immer ganz oben stehen zu müssen. Dass nur noch erste Plätze zählen. Aber wir sind nicht Juventus, Barcelona oder Real Madrid, unser Erfolg muss wachsen.« Stattdessen habe man nur über Rückschläge und über Rücktritte gesprochen. »Wir haben uns nicht auf das Finale gefreut.«

Mit »wir« meinte Hitzfeld nicht das Kollektiv. Er zielte auf Borussias Chefetage, vorneweg Präsident Gerd Niebaum. Der hatte von einer »Durchschnittsmannschaft« gesprochen, als der BVB am Ende der Bundesligasaison die in den beiden Jahren zuvor gewonnene Meisterschaft verspielt hatte. Es war eine Kritik an Hitzfeld, weil der Trainer seine disharmonische, alte Truppe nicht im Griff hatte. Und weil man im Dortmund jener Tage viel Geld benötigte, das nur die Teilnahme an der Champions League garantieren konnte. Die hatte Meister Bayern München erreicht, der Zweite, Bayer Leverkusen, durfte in die Qualifikation. Dortmund musste Turin schlagen, um als Titelverteidiger dabei zu sein.

Es wurde öffentlich spekuliert über Hitzfeld, den Ablösegerüchten trat kein Verantwortlicher entgegen. Er habe, sagte Hitzfeld, die Rückendeckung vermisst, und wenn man ihn loswerden wolle, auch gut: »Ich habe genug Angebote.« Auch um Libero Sammer gab es Wechselgerüchte. Er spielte gegen Juventus nach langer Verletzungspause vorsichtig, verweigerte nachher die Ehrenrunde und erklärte: »Auch dieser Erfolg kaschiert nicht alles. Im Vorfeld sind zu viele negative Dinge vorgefallen, um sich jetzt einfach freuen zu können.« Am Ende blieben Hitzfeld und Sammer. Der Trainer wurde neuer Sportdirektor, der Spieler beendete seine Karriere ein Jahr später beim BVB.

Das Spiel gegen Juventus, das vielen heute wegen des berühmten Tores von Lars Ricken in besonderer und verklärter Erinnerung ist, war eine eindeutige Angelegenheit. Denn Juventus brillierte, insbesondere durch Alen Bokšic und Zinédine Zidane, die Dortmunds Abwehr ordentlich wackeln ließen. Nach zehn Minuten vergab Christian Vieri eine erstklassige Chance und schoss den Ball ans Außennetz. Für Juve-Trainer Marcello Lippi die Schlüsselsituation: »Wären wir in Führung gegangen, wäre alles anders gekommen.«

Borussia Dortmund – Juventus Turin
3:1 (2:0)

Olympiastadion (München)
59 000 Zuschauer
28. Mai 1997

Borussia Dortmund
Stefan Klos – Jürgen Kohler, Matthias Sammer, Martin Kree, Stefan Reuter – Paul Lambert, Paulo Sousa, Jörg Heinrich, Andreas Möller (89. Michael Zorc), Karl-Heinz Riedle (67. Heiko Herrlich) – Stéphane Chapuisat (70. Lars Ricken)
Trainer: Ottmar Hitzfeld

Juventus Turin
Angelo Peruzzi – Sergio Porrini (46. Alessandro Del Piero), Ciro Ferrara, Paolo Montero, Mark Iuliano – Angelo Di Livio, Vladimir Jugović, Didier Deschamps, Zinédine Zidane – Alen Bokšic (88. Alessio Tacchinardi), Christian Vieri (73. Nicola Amoruso)
Trainer: Marcello Lippi

Schiedsrichter: Sándor Puhl (Ungarn)
Tore: 1:0 Karl-Heinz Riedle (29.), 2:0 Karl-Heinz Riedle (34.), 2:1 Alessandro Del Piero (64.), 3:1 Lars Ricken (71.)

So aber erhielt das ohne erkennbare Struktur spielende Dortmund einen Eckball zugesprochen, bei dem Torwart Angelo Peruzzi eine missratene Faustabwehr auf Paul Lambert fabrizierte. Dessen Ball segelte hinter die Abwehr an den Fünfmeterraum, wo Karl-Heinz Riedle frei mit der Brust stoppte und dann mit links unter Peruzzi hindurch einschoss. Fünf Minuten später erhöhte erneut Riedle nach einer Möller-Ecke per Kopf auf 2:0. Absurd war das schon.

Dann traf Juventus kurz vor der Pause durch Zidane den Pfosten, ein regulärer Treffer von Vieri wurde wegen vermeintlichen Handspiels des Stürmers die Anerkennung vom ungarischen Schiedsrichter Sándor Puhl verweigert. Nach der Halbzeit verstärkten die Italiener den Druck, doch ins Tor wollte der Ball nicht. Dortmunds Torwart Stefan Klos drückte einen Halbvolley von Vieri ans Lattenkreuz. Und dann fiel es doch. Bokšic hatte auf den eingewechselten Alessandro del Piero gepasst, der den Ball im Rabah-Madjer-Style mit der Hacke ins Tor kickte.

Und als alle jetzt mit der großen Juve-Schlussoffensive rechneten, wechselte Dortmunds Trainer Ottmar Hitzfeld den jungen Lars Ricken ein, der in den Partien zuvor schon wichtige Tore erzielt hatte und auch im Vorjahr beim 2:1-Sieg im Gruppenspiel in Turin getroffen hatte. Mit seiner ersten Ballberührung nach einem sehr klugen Pass von Andreas Möller ließ Ricken einen langen, hohen Ball vom Schuh, der sich über Peruzzi ins Netz senkte. Mit diesem Treffer 20 Minuten vor Schluss gab Juve sich auf. Es war Dortmunds dritter Schuss auf das Turiner Tor gewesen, der TV-Kommentator Marcel Reif sagte: »Das lässt sich mit Worten nicht mehr toppen …« Und für Marcello Lippi blieb es der Abend, »an dem alles schiefging«. ///

Zugestellt. *Die Dortmunder Lambert, Sammer und Möller haben im Münchener Endspiel Juves Zinédine Zidane umzingelt.*

WETTLAUF MIT DEM TOD

Saison 1995/96 /// Juventus Turin

Juve presst sich selbst. *Das Engagement beim italienischen Meister kannte im Finale gegen Titelverteidiger Ajax kaum Grenzen – nicht mal gegen die eigenen Mitspieler.*

Bewegen konnte sich Angelo Peruzzi erst einmal nicht mehr, als alles vorbei war. Mitten auf dem Rasen des Römer Olympiastadions war der Torhüter von einer wild hüpfenden Menschentraube umschlossen. Nicht den Schützen des entscheidenden Treffers im Elfmeterschießen, den Serben Vladimir Jugović, bejubelten die Spieler, Betreuer und Offiziellen von Juventus Turin. Sie dankten ihrem Torwart, der die Basis für diesen Erfolg gegen Titelverteidiger Ajax Amsterdam geschaffen hatte.

Zwei Elfmeter hatte Peruzzi im Elfmeterschießen gehalten, gegen Sonny Silooy und Edgar Davids. Und damit war auch jener dilettantische Fehler vergessen, den Peruzzi produziert hatte, als er gegen Ende der ersten Halbzeit einen Freistoß von Danny Blind so schlecht nach vorne weggefaustet hatte, dass Jari Litmanen leicht den Ausgleich besorgen konnte. Wobei auch nicht verschwiegen werden soll, dass dem 1:0 durch Juves weißhaarigen Stürmer Fabrizio Ravanelli eine nicht minder indiskutable Gemeinschaftsleistung der Amsterdamer Edwin van der Sar und Ronald de Boer vorausgegangen war.

Nachdem nach 90 Minuten und einer weiteren halben Stunde später kein neuerliches Tor gefallen war, trafen dann im Elfmeterschießen die ersten vier Schützen, die Coach Marcello Lippi bestimmt hatte, gegen van der Sar, und damit war der zweite Titel für Juventus Turin im wichtigsten europäischen Vereinswettbewerb gewonnen. Was in historischer Perspektive eine Erlösung war, denn der erste Erfolg – damals hieß der Wettbewerb noch Europapokal der Landesmeister – bleibt mit einer der größten Katastrophen des Fußballs verbunden, den Ausschreitungen und den 39 Toten im Brüsseler Heysel-Stadion. Das war 1985, als sich niemand für Juventus über das Siegtor von Michel Platini freuen konnte. Elf Jahre später war nicht nur der Jubel der Turiner grenzenlos, auch die Worte verloren an Bodenhaftung.

Schon vor dem Finale hatte Juve-Ehrenpräsident und Ferrari-Eminenz Gianni Agnelli geäußert, dass ein Sieg von Juventus gegen Ajax wichtiger sei als der WM-Sieg von Michael Schumacher in der Formel 1. Und hinterher war es Juve-Trainer Marcello Lippi »eine Genugtuung, gegen die stärkste Mannschaft der Welt gewonnen zu haben«. Was insofern ein bisschen übertrieben war, als dass das übermächtige Ajax auf einige wichtige Spieler verzichten musste: Overmars (verletzt), Hoekstra und Reiziger (beide gesperrt), Kluivert konnte nach überstandener Knieverletzung nur die zweite Halbzeit spielen, und die beiden de-Boer-Brüder gingen angeschlagen ins Spiel.

Juventus war im Finale die aggressivere und, durchaus überraschend, auch die elegantere Mannschaft. Die Italiener vermittelten Siegeswillen und Entschlossenheit. Ajax hingegen, das im Viertelfinale Borussia Dortmund aus dem Wettbewerb befördert hatte (im Jahr davor hatten die Niederländer Bayern München im Semifinale ausgebootet), begann nervös, erst nach einer halben Stunde fanden die Holländer besser in das Spiel, wenn auch nur bis zur Pause. Im zweiten Durchgang wurde die Partie immer schlapper, auch weil sie allen Beteiligten viel Kraft abverlangt hatte. »Das waren 120 Minuten Wettlauf mit dem Tod«, sagte Juves Verteidiger Moreno Torricelli. Ajax schaffte es gerade noch so ins Elfmeterschießen, wobei Louis van Gaal wenig Gutes ahnte. »Da wollte

Ajax Amsterdam – Juventus Turin
1:1 n.V. (1:1, 1:1), 2:4 i. E.

Stadio Olimpico (Rom),
80 000 Zuschauer
22. Mai 1996

Ajax Amsterdam
Edwin van der Sar – Sonny Silooy, Danny Blind, Frank de Boer (68. Arnold Scholten), Winston Bogarde – Edgar Davids, Ronald de Boer (91. Nourdin Wooter), Finidi George, Kzito Musampa (46. Patrick Kluivert) – Jari Litmanen, Nwankwo Kanu
Trainer: Louis van Gaal

Juventus Turin
Angelo Peruzzi – Ciro Ferrara, Moreno Torricelli, Pietro Vierchowod, Gianluca Pessotto – Antonio Conte (44. Vladimir Jugović), Paulo Sousa (57. Angelo Di Livio), Didier Deschamps, Alessandro Del Piero – Gianluca Vialli, Fabrizio Ravanelli (77. Michele Padovano)
Trainer: Marcello Lippi

Schiedsrichter: Manuel Díaz Vega (Spanien)
Tore: 0:1 Fabrizio Ravanelli (12.), 1:1 Jari Litmanen (41.)
Elfmeterschießen: Edgar Davids verschießt, 0:1 Ciro Ferrara, 1:1 Jari Litmanen, 1:2 Gianluca Pessotto, 2:2 Arnold Scholten, 2:3 Michele Padovano, Sonny Silooy verschießt, 2:4 Vladimir Jugović

keiner so richtig den Ball nehmen«, sagte der Trainer, »die waren total verunsichert.« Eine ganz andere Einstellung bemerkte van Gaal bei Gegner Juve: »Da schien jeder bereit, und als Trainer spürst du da sofort: Jetzt hast du verloren.«

Ajax verlor indes nicht nur das Finale und den Titel. Es verlor auch seine Stellung im europäischen Fußball, in dessen Spitze sich der Club mit einer jungen Mannschaft gerade erst zurückgespielt hatte. Ein Team, von dem nicht wenige sagten, es könne die großen Ajax-Erfolge zu Beginn der 1970er-Jahre übertreffen. Doch wie vielen anderen Vereinen machte Ajax das rechtswirksam gewordene Bosman-Urteil zu schaffen, demnach Spieler bei auslaufenden Verträgen ohne Ablöse den Verein wechseln können.

Und so stand bereits vor dem Finale gegen Turin fest, dass zentrale Spieler wie Edgar Davids, Michael Reiziger sowie Patrick Kluivert (Letzterer ab 1997) zum AC Mailand wechseln würden, Nwankwo Kanu zog es zu Inter Mailand, Finidi George kam bei Betis Sevilla und Sonny Silooy bei Arminia Bielefeld unter. Und um den Rest nicht auch gleich noch zu verlieren, hatte man bei Ajax beschlossen, die Gehälter deutlich anzuheben. Möglich machten dies unter anderem auch jene 30 Millionen Mark, die man für die abgelaufene Saison in der Champions League ausbezahlt bekam. Doch auch höheres Salär hielt die Topspieler nicht langfristig in Amsterdam: Torwart Edwin van der Sar wechselte 1999 zu Juventus, Marc Overmars ging 1997 zu Arsenal, Frank und Ronald de Boer unterschrieben im Doppelpack 1999 beim FC Barcelona. ///

Unendlich leer. *Minuten nach dem Abpfiff sitzen die Ajax-Akteure Nourdin Wooter und Nwankwo Kanu im Mittelkreis und können es nicht fassen.*

DAS ENDE DER ALTEN MÄNNER

Saison 1994/95 /// Ajax Amsterdam

Gestochert. *Fragend blicken Spieler von Milan und Ajax dem von Patrick Kluivert (links) getretenen Ball hinterher. Es ist ein Tor. Das Tor.*

Gefragt hatte ihn in an diesem Abend in Wien keiner danach, aber es ist zumindest nicht völlig abwegig anzunehmen, dass Fabio Capello, während er in den letzten fünf Minuten des Endspiels am Spielfeldrand im Ernst-Happel-Stadion stand, sich an einen anderen denkwürdigen Abend erinnert haben mag. Vor 22 Jahren war das, da stand der Milan-Trainer als Mittelfeldspieler im Trikot von Juventus Turin auf dem Platz. Im Finale des Europapokals der Landesmeister, im Belgrader Stadion Roter Stern. Auch damals hieß der Gegner Ajax Amsterdam und auch damals verlor Capellos Team mit 0:1, das entscheidende Tor durch Johnny Rep fiel bereits in der vierten Minute – woran auch der in der zweiten Halbzeit für Juve eingewechselte Augsburger Helmut Haller nichts mehr drehen konnte.

Für Ajax Amsterdam beendete der Sieg von 1973 das Ende einer Ära. Dreimal in Folge hatten die Niederländer den bedeutendsten Wettbewerb im europäischen Vereinsfußball gewonnen, danach sollte es lange dauern für den Club – den Erfolg im Pokal der Pokalsieger von 1987 einmal ausgenommen –, bis Ajax wieder die ganz große Endspielbühne betreten konnte. Bis zu eben jenem Abend von Wien, als der Gegner der jungen Mannschaft von Trainer Louis van Gaal der große AC Mailand war. Die Mannschaft der alten Männer von Coach Fabio Capello.

Milan schien ein Abonnement auf das Finale der Champions League erworben zu haben. Zum dritten Mal wurde der Wettbewerb unter diesem Namen ausgetragen, zum dritten Mal hatten die Rot-Schwarzen das Endspiel erreicht. Doch die Mannschaft war längst nicht mehr in der Lage, ihr Ende der 1980er-Jahre berühmt gewordenes, bewährtes, aus einer konzentrierten Abwehr heraus vorgetragenes, elegantes Konterspiel erfolgreich vorzuführen. Schon durch die Gruppenspiele hatte Milan sich geächzt und überhaupt erst im letzten Spiel durch ein 1:0 bei Austria Salzburg den Sprung auf Rang zwei und damit die Qualifikation fürs Viertelfinale geschafft. Zweimal waren sie dabei mit jeweils 2:0 vom Gruppensieger bezwungen worden.

Der Gruppensieger hieß Ajax Amsterdam, wo der zwei Jahre zuvor von Capello in Mailand ausgemusterte Frank Rijkaard eine tragende Rolle spielte. Mit seinen 32 Jahren zählte der Innenverteidiger zu den Stützen einer sehr jungen Mannschaft. Das Spiel in Wien war Rijkaards letztes als Profi, vorübergehend wechselte er ins Modebusiness und entwarf Unterhosen im Jeanslook. Später wurde er Trainer der niederländischen Nationalmannschaft, von Sparta Rotterdam, dem FC Barcelona und Galatasaray Istanbul.

Die Zukunft von Ajax stand am Wiener Finalabend mit Rijkaard auf dem Platz: Patrick Kluivert, Nwankwo Kanu (beide 18 Jahre), Clarence Seedorf (19), Edgar Davids, Marc Overmars und Michael Reiziger (jeweils 22). Das Team von Trainer Louis van Gaal war das jüngste, das jemals in einem Endspiel um Europas wertvollsten Vereinspokal gestanden hatte. Im Halbfinale hatten die Niederländer den deutschen Rekordmeister Bayern München, der sich erstmals für die europäische Bestenliga qualifiziert hatte, schlicht weggeballert. Nach einem 0:0 in München schlug Ajax die Bayern in Amsterdam mit 5:2. Die beiden Bayern-Tore waren überhaupt erst die Gegentreffer drei und vier für Ajax in dieser Champions-League-Saison.

Ajax Amsterdam – AC Mailand
1:0 (0:0)

Ernst-Happel-Stadion (Wien)
49 730 Zuschauer
24. Mai 1995

Ajax Amsterdam
Edwin van der Sar – Michael Reiziger, Danny Blind, Frank Rijkaard, Frank de Boer – Clarence Seedorf (54. Nwankwo Kanu), Edgar Davids, Jari Litmanen (69. Patrick Kluivert) – Ronald de Boer, Finidi George, Marc Overmars
Trainer: Louis van Gaal

AC Mailand
Sebastiano Rossi – Christian Panucci, Franco Baresi, Alessandro Costacurta, Paolo Maldini – Roberto Donadoni, Marcel Desailly, Demetrio Albertini, Zvonimir Boban (86. Gianluigi Lentini) – Daniele Massaro (90. Stefano Eranio), Marco Simone
Trainer: Fabio Capello

Schiedsrichter: Ion Crăciunescu (Rumänien)
Tor: 1:0 Patrick Kluivert (85.)

Während Ajax im Finale kalkuliert spielte, sehr diszipliniert, abwartend und als Team funktionierte, galt dies für Milan nur partikular. Zwar zeigten die Verteidiger Paolo Maldini und Christian Panucci sowie insbesondere Mittelfeld-destrukteur Marcel Desailly (Spitzname »Staudamm«) ihre Klasse – aber die Weiterführung in den Angriff fand nicht statt. Roberto Donadoni, Zvonimir Boban, Demetrio Albertini waren schwach, die Stürmer Daniele Massaro und Marco Simone hatten kaum Torchancen.

Derweil war Frank Rijkaard die zentrale Schaltfigur im Spiel des niederländischen Meisters, und es war folgerichtig, dass er an diesem Abend auch den entscheidenden Pass geben sollte, um nach seinen beiden Erfolgen mit Milan (1989 und 1990) einen dritten europäischen Meisterpokal zu gewinnen. Fünf Minuten vor dem Ende gab Rijkaard einen Pass von der Strafraumgrenze Richtung Kluivert ab, den dieser ins Tor stocherte. Was Milan-Coach Fabio Capello zu der Aussage veranlasste: »Der einzige Schuss aufs Ziel war ein Tor.«

Während die eine Ära, die des AC Mailand, zu Ende war, glaubten viele in Ajax Amsterdam das Nachfolgeteam ausgemacht zu haben. Einige träumten gar von einer Wiederholung der prachtvollen Ajax-Zeiten zu Beginn der 1970er-Jahre. So war es am Präsidenten des Clubs, an die im vergangenen Vierteljahrhundert veränderten Realitäten zu erinnern. »Das ist eine Utopie«, sagte Michael van Praag, »uns fehlt das große Kapital«. Und Trainer Louis van Gaal ergänzte: »Eine solche Dominanz einer Mannschaft über einen längeren Zeitraum wird es nicht mehr geben.« Van Praag und van Gaal sollten Recht behalten. ///

Einmalig. *Aloysius Paulus Maria van Gaal, bekannter unter dem Vornamen Louis, freut sich über die Champions-League-Trophäe – seine bis heute einzige.*

WER BITTE IST SCHON BARCELONA?

Saison 1993/94 /// AC MAILAND

Provozier uns – und du verlierst. *Die Milan-Spieler Demetrio Albertini und Marcel Desailly feiern ihr großes Spiel gegen Johan Cruyffs Barcelona.*

Womöglich hatte der FC Barcelona seinen Vorrat an Glück für die Saison bereits aufgebraucht. Am Wochenende vor dem Champions-League-Finale jedenfalls hatte Barca die spanische Meisterschaft am letzten Spieltag gewonnen, weil Deportivo La Coruñas Serbe Miroslav Djukic in der 89. Minute gegen den FC Valencia einen Elfmeter vergeben hatte. Hätte Djukic verwandelt, wäre seine Mannschaft und nicht das zeitgleich 5:2 gegen den FC Sevilla siegende Barcelona Meister geworden. So aber entschied das Torverhältnis zugunsten der Mannschaft von Trainer Johan Cruyff.

Auch in den beiden Jahren zuvor hatte Barca der sogenannten Schützenhilfe am letzten Spieltag bedurft – und diese auch erhalten. »Beim ersten Mal war es Glück, beim zweiten Mal kann man das doppeltes Glück nennen. Beim dritten Mal muss es Hilfe von oben sein«, sagte Barcelonas Libero Ronald Koeman. Drei Tage nach dem Titelgewinn in der Heimat, am Abend des Champions-League-Endspiels von Athen, sorgte der göttliche Beistand jedoch allenfalls dafür, dass Favorit Barcelona gegen den ersatzgeschwächten AC Mailand nicht noch höher als mit 0:4 verlor.

Vor dem Spiel hatte Johan Cruyff laut getönt. Als Abwehrmaschine hatte er die Mailänder mit ihrer defensiv ausgerichteten Spielweise bezeichnet. Die Welt, so Cruyff, werde in Athen vom FC Barcelona quasi vorab schon mal Fußball des Jahres 2000 zu sehen bekommen. Hier irrte der Niederländer. Denn am Abend im Olympiastadion Spyridon Louis war es, wie die *Süddeutsche Zeitung* kommentierte, zwar Cruyffs »Spielsystem, das sich dort behauptet hat, war es ein feuriger Angriffsfußball Marke FC Barcelona, der triumphiert und wegweisende Akzente auf höchstem Niveau gesetzt hat. Es war nur nicht sein Team, das da so unbändig durchs Champions-League-Finale stürmte – sondern Gegner AC Mailand.«

Was insofern verwunderte, als die Italiener ihre dritte Meisterschaft in Serie mit 36 Toren in 34 Spielen gewonnen hatten. Barcelona hatte in Spaniens Liga 91 erzielt, aber auch 42 kassiert. Doch die Provokation Cruyffs hatte seinen Gegenüber Fabio Capello, dessen Mannschaft, insbesondere aber die Stars im Team gekränkt und zu einer nicht für möglichen gehaltenen Überleistung provoziert. »Meine Spieler haben die Worte von Cruyff vernommen und waren unglaublich geladen«, erklärte Capello, und der zweifache Torschütze Daniele Massaro unterstrich: »Mit dem 4:0 haben wir wohl allen bewiesen, dass wir nicht nur defensiv spielen können.«

Entsprechend kleinlaut gab sich der unterlegene Cruyff nach Abpfiff. »Es fällt mir im Moment schwer zu sagen, was wir alles falsch gemacht haben, vielleicht hatten wir zu wenig Angst.« Dann sagte er: »Wir haben uns vor der ganzen Welt lächerlich gemacht. Milan brachte 200 Prozent, wir spielten überhaupt keinen Fußball. Wir hätten dieses Spiel nie gewinnen können, denn wir haben jeden Zweikampf verloren.« Die italienische *Tuttosport* schrieb: »Milan hat Barcelona und Cruyff wie eine Apokalypse vernichtet. Milan bestrafte Cruyff für seine Polemik.« Und für seine falsche Taktik.

Weil Cruyff Milans Abwehr, die ohne die beiden gesperrten Eckpfeiler Franco Baresi und Alessandro Costacurta auskommen musste, unter Druck setzen wollte, inszenierte Barcelona ein Pressing mit weit aufgerückten Mittelfeldspielern. Die erwiesen sich jedoch als genauso wenig ballsicher und zweikampfresistent,

AC Mailand – FC Barcelona
4:0 (2:0)

Olympiastadion Spyridon Louis (Athen), 76 000 Zuschauer
18. Mai 1994

AC Mailand
Sebastiano Rossi – Mauro Tassotti, Filippo Galli, Paolo Maldini (83. Stefano Nava), Christian Panucci – Roberto Donadoni, Marcel Desailly, Demetrio Albertini, Zvonimir Boban – Dejan Savićević, Daniele Massaro
Trainer: Fabio Capello

FC Barcelona
Andoni Zubizarreta – Albert Ferrer, Miguel Ángel Nadal, Ronald Koeman, Sergi Barjuán (72. Quique Estebaranz) – Josep Guardiola, José Mari Bakero, Guillermo Amor – Christo Stoitschkow, Romário, Aitor Begiristain (51. Eusebio Mena)
Trainer: Johan Cruyff

Schiedsrichter: Philip Don (England)
Tore: 1:0 Daniele Massaro (22.), 2:0 Daniele Massaro (45.), 3:0 Dejan Savićević (47.), 4:0 Marcel Desailly (58.)

Anfang vom Ende: *Gerade hat Daniele Massaro das 1:0 für Außenseiter Milan erzielt. Barcas Miguel Ángel Nadal (l.) und Ronald Koeman verstehen die Welt nicht mehr.*

Weiß auf Schwarz. Barcelonas Desaster und seine Verursacher noch einmal übersichtlich präsentiert.

wie es ihrem Abwehrchef, Cruyffs Landsmann Ronald Koeman, an der für das Niveau dieses Spiels nötigen Schnelligkeit mangelte. Und so wurde der Franzose Marcel Desailly, der das Vorjahresfinale mit Olympique Marseille gegen Milan gewonnen hatte, zu einer der spielentscheidenden Figuren. Desailly leitete die Abteilung Forechecking/Zweikampf. Und weiter vorne besorgten Donadoni, Daniele Massaro und der sehr beeindruckende Dejan Savićević den Rest in diesem Finale, das – philosophisch gedeutet – natürlich auch eine Entscheidung zwischen Gut (Barcelona/Katalanen/Freiheitsdrang/Cruyff) und Böse (Milan/Norditalien/Rechtspopulismus/Berlusconi) war.

Zur Halbzeit führte Milan durch zwei Tore von Massaro mit 2:0. Und auch im zweiten Durchgang war das wahre Barcelona nicht zu sehen. Bereits in der 47. Minute lupfte Savićević den Ball über Keeper Zubizarreta hinweg zum 3:0, elf Minuten später erhöhte Desailly auf 4:0. Dann erst schaltete Milan zurück, in der entspannten Gewissheit, dass man Europas bedeutendsten Wettbewerb für Vereinsmannschaften zum fünften Mal gewonnen hatte.

Silvio Berlusconi genoss die Nacht von Athen in zweifacher Weise. Der Medienunternehmer feierte nicht nur den Triumph auf dem Fußballfeld, während des Spiels gewann er im italienischen Senat auch die Vertrauensabstimmung, die sein Kabinett bestätigte und ihn endgültig ins Amt des Ministerpräsidenten hievte. Allerdings: Die Entscheidung fiel knapper aus als der Sieg seiner Mannschaft in Athen. Berlusconis Mehrheit betrug gerade mal eine Stimme. ///

Bitte nicht in die Kamera gucken. *Marcel Desailly, Didier Deschamps und »Es gibt nur einen Rudi Völler« auf dem Rückflug von München nach Frankreich mit der großen Kanne, in der zu diesem Zeitpunkt keine Getränke enthalten sind.*

TRIUMPH KOMMT VOR DEM FALL

Saison 1992/93 /// OLYMPIQUE MARSEILLE

Zunächst hatte der AC Parma den Pokal der Pokalsieger gegen Antwerpen gewonnen, dann schlug Juventus Turin in den beiden Finalspielen des UEFA-Cups Borussia Dortmund deutlich, und nun sollte der AC Mailand im Finale der neu geschaffenen Champions League gegen Olympique Marseille das italienische Triple perfekt machen.

Dabei lief es für Milan in der heimischen Serie A nicht gut. Mit nur einem Sieg aus den letzten zehn Liga-Spielen kam die Mannschaft von Fabio Capello und Mäzen Silvio Berlusconi zum Finale. Wobei sie es in der Champions League besser angestellt hatten: sechs Siege in sechs Spielen, bei nur einem Gegentreffer und dazu Stars wie Franco Baresi, Paolo Maldini, Frank Rijkaard, Roberto Donadoni, Marco van Basten, Jean-Pierre Papin und Daniele Massaro im Team. Auf dem Papier konnte Marseille, obwohl ebenso ungeschlagen in dieser Champions League, nicht mithalten. »Ich fühle mich wie vor der Geburt eines Kindes«, frohlockte der im Privatjet nach München eingeflogene Berlusconi vor dem Anpfiff.

Milan aber war am Finalabend schlapp wie seine Stars: Van Basten war nicht fit, der Franzose Papin war von einer Verletzung noch nicht wieder genesen, kam nur kurz zum Einsatz, und Abwehrspieler Rijkaard wirkte indisponiert – nicht nur beim spielentscheidenden Treffer: Nach einer Ecke des Ghanaers Abédi Pelé setzte sich Verteidiger Basile Boli gegen Rijkaard durch und köpfte ein. Damit hatte erstmals in der Geschichte ein französischer Club den wichtigsten Vereinswettbewerb Europas gewonnen. »Wir haben die Abseitsfalle angewandt und hohe Bälle nach vorne gespielt«, erläuterte der 71-jährige OM-Trainer Raymond Goethals sein schlichtes Konzept. Es war ein farbloses Finale, zumindest auf dem Spielfeld.

Weiter oben, auf den besseren Plätzen, schillerte es hingegen. Hier fand das Duell zweier Potentaten statt, des Italieners Silvio Berlusconi und des Franzosen Bernard Tapie. Tapie stand Olympique Marseille seit 1985 als Präsident vor, wichtiger waren aber die Millionen, die der Aufsteiger und Anhänger linker Parteien in den Traditionsclub pumpte, sodass dieser seine Glanzzeiten der 1930er- und 1970er-Jahre übertreffen konnte.

Mit Tapie hatte OM seit 1989 vier nationale Meistertitel in Serie gewonnen. Auf kontinentaler Ebene klemmte es gleichwohl. 1990 hatte man es ins Halbfinale des Landesmeister-Wettbewerbs gegen Benfica Lissabon geschafft, 1991 war man Roter Stern Belgrad im Endspiel erst im Elfmeterschießen unterlegen gewesen, 1992 in der zweiten Runde knapp an Sparta Prag gescheitert. Und als der ersehnte europäische Erfolg dann kein Jahr später endlich da war, blieb zum Jubeln nicht viel Zeit.

Denn es wurde bekannt, dass Tapie vor einem Punktspiel in der französischen Liga Bestechungsgelder gezahlt hatte. Folge: Dem Verein wurde der Meistertitel von 1993 aberkannt, OM umgehend in die Zweite Liga strafversetzt, hohe Schulden drückten den Club. Tapie erhielt eine Freiheitsstrafe von vier Jahren. Und auch der Champions-League-Triumph wurde angezweifelt.

Olympique Marseille – AC Mailand
1:0 (1:0)

Olympiastadion München,
64 400 Zuschauer
25. Mai 1993

Olympique Marseille
Fabien Barthez – Jocelyn Angloma (61. Jean-Philippe Durand), Éric Di Meco, Basile Boli, Franck Sauzée – Marcel Desailly, Jean-Jacques Eydelie, Didier Deschamps, Alen Bokšić – Rudi Völler (78. Jean-Christophe Thomas), Abédi Pelé
Trainer: Raymond Goethals

AC Mailand
Sebastiano Rossi – Mauro Tassotti, Paolo Maldini, Alessandro Costacurta, Franco Baresi – Demetrio Albertini, Gianluigi Lentini, Frank Rijkaard, Roberto Donadoni (85. Jean-Pierre Papin) – Marco van Basten (55. Stefano Eranio), Daniele Massaro
Trainer: Fabio Capello

Schiedsrichter: Kurt Röthlisberger (Schweiz)
Tor: 1:0 Basile Boli (44.)

Olympisches Feuer. *Während die OM-Spieler auf dem Platz den Siegtreffer von Basile Boli bejubeln, feiern ihre Fans auf den Tribünen mit bengalischem Fackeln.*

So erhob der Trainer von ZSKA Moskau Bestechungsvorwürfe gegen Marseille. Hinter denen stand – für Tapie eindeutig – Silvio Berlusconi: »Man weiß jetzt, dass der Trainer auf Befehl gearbeitet hat. Auf Befehl von jemandem, der Lust hat, das Finale zu wiederholen. In Moskau gibt doch ein Typ für 2000 Dollar zu, dass er mit seinem Vater geschlafen hat.« Im Jahre 2006 kamen Dopingvorwürfe hinzu: Marseilles ehemaliger Mittelfeldakteur Jean-Jacques Eydelie behauptete, alle Spieler Marseilles – bis auf Rudi Völler – hätten vor dem Finale gegen Milan eine Injektion mit nicht bekanntem Inhalt erhalten. Trotz dieser Anschuldigungen behielt OM den Champions-League-Titel.

Für die deutschen Übertragungsrechte der ersten Champions-League-Saison hatte der Fernsehsender RTL 30 Millionen Mark gezahlt, ein Investment, das sich nur bedingt auszahlen sollte. Auch weil Christoph Daum querschoss. Der Trainer des deutschen Meisters VfB Stuttgart erlaubte sich in der ersten Qualifikationsrunde gegen Englands Meister Leeds einen peinlichen Fehler und verhinderte damit, dass eine deutsche Mannschaft in der Endrunde vertreten war und für höhere Einschaltquoten sorgen konnte.

Nach dem 3:0-Hinspielheimsieg schien das Weiterkommen des VfB unter die 16 letzten und besten Teams Europas gesichert. Doch an der Elland Road wechselte Daum in der 83. Minute den Serben Jovica Simanic für Maurizio Gaudino ein, und damit war neben Knup (Schweiz), Sverrisson (Island) und Dubajic (Jugoslawien) ein vierter ausländischer Spieler eingesetzt – nur drei waren erlaubt. Ein Regelverstoß also, gegen den Leeds, das trotz des 4:1-Sieges ausgeschieden wäre, Protest einlegte. Die UEFA wertete die Partie mit 3:0 für United, es kam zu einem Entscheidungsspiel, das Leeds in Barcelona vor 7400 Zuschauern mit 2:1 gewann. ///

QUALIFIKATION

1. Qualifikationsrunde

	Hin	Rück
SP Tre Fiori – **UE Sant Julià**	1:1	1:1 n.V. 4:5 i. E.
Hibernians Paola – **FK Mogren**	0:2	0:4

2. Qualifikationsrunde

	Hin	Rück
KF Tirana – **Stabæk IF**	1:1	0:4
WIT Georgia Tiflis – **NK Maribor**	0:0	1:3
EB/Streymur – **APOEL Nikosia**	0:2	0:3
FC Kopenhagen – FK Mogren	6:0	6:0
VSC Debrecen – Kalmar FF	2:0	1:3
Makedonija Skopje – **BATE Baryssau**	0:2	0:2
FH Hafnarfjörour – **FK Aqtöbe**	0:4	0:2
FC Pjunik Eriwan – **Dinamo Zagreb**	0:0	0:3
FK Ventspils – F91 Dudelange	3:0	3:1
Ekranas Panevėžys – **FK Baku**	2:2	2:4
FC Salzburg – Bohemians Dublin	1:1	1:0
HŠK Zrinjski Mostar – **ŠK Slovan Bratislava**	1:0	0:4
Inter Turku – **Sheriff Tiraspol**	0:1	0:1
Rhyl FC – **FK Partizan Belgrad**	0:4	0:8
Wisła Krakau – **FC Levadia Tallinn**	1:1	0:1
Lewski Sofia – UE Sant Julià	4:0	5:0
Maccabi Haifa – Glentoran FC	6:0	4:0

3. Qualifikationsrunde

Championsweg	Hin	Rück
FC Salzburg – Dinamo Zagreb	1:1	2:1
ŠK Slovan Bratislava – **Olympiakos Piräus**	0:2	0:2
FC Zürich – NK Maribor	2:3	3:0
APOEL Nikosia – FK Partizan Belgrad	2:0	0:1
Sheriff Tiraspol – Slavia Prag	0:0	1:1
FK Aqtöbe – **Maccabi Haifa**	0:0	3:4
FK Baku – **Lewski Sofia**	0:0	0:2
FK Ventspils – BATE Baryssau	1:0	1:2
FC Levadia Tallinn – **VSC Debrecen**	0:1	0:1
FC Kopenhagen – Stabæk IF	3:1	0:0

Platzierungsweg	Hin	Rück
Sparta Prag – **Panathinaikos Athen**	3:1	0:3
Schachtar Donezk – **FC Timişoara**	2:2	0:0
Sporting Lissabon – FC Twente Enschede	0:0	1:1
Celtic Glasgow – Dynamo Moskau	0:1	2:0
RSC Anderlecht – Sivasspor	5:0	1:3

Play-offs

Championsweg		
Sheriff Tiraspol – **Olympiakos Piräus**	0:2	0:1
FC Salzburg – **Maccabi Haifa**	1:2	0:3
FK Ventspils – **FC Zürich**	0:3	1:2
FC Kopenhagen – **APOEL Nikosia**	1:0	1:3
Lewski Sofia – **VSC Debrecen**	1:2	0:2

Platzierungsweg		
Olympique Lyon – RSC Anderlecht	5:1	3:1
Celtic Glasgow – **FC Arsenal**	0:2	1:3
FC Timişoara – **VfB Stuttgart**	0:2	0:0
Sporting Lissabon – **AC Florenz**	2:2	1:1
Panathinaikos Athen – **Atlético Madrid**	2:3	0:2

GRUPPENPHASE

Gruppe A

15. September 2009	
Maccabi Haifa – FC Bayern München	0:3
Juventus Turin – Girondins Bordeaux	1:1
30. September 2009	
FC Bayern München – Juventus Turin	0:0
Girondins Bordeaux – Maccabi Haifa	1:0
21. Oktober 2009	
Girondins Bordeaux – FC Bayern München	2:1
Juventus Turin – Maccabi Haifa	1:0
3. November 2009	
FC Bayern München – Girondins Bordeaux	0:2
Maccabi Haifa – Juventus Turin	0:1
25. November 2009	
Girondins Bordeaux – Juventus Turin	2:0
FC Bayern München – Maccabi Haifa	1:0
8. Dezember 2009	
Juventus Turin – FC Bayern München	1:4
Maccabi Haifa – Girondins Bordeaux	0:1

Team	Spiele	S	U	N	T	P
1. **Girondins Bordeaux**	6	5	1	0	9:2	16
2. **FC Bayern München**	6	3	1	2	9:5	10
3. Juventus Turin	6	2	2	2	4:7	8
4. Maccabi Haifa	6	0	0	6	0:8	0

Gruppe B

15. September 2009	
VfL Wolfsburg – ZSKA Moskau	3:1
Beşiktaş Istanbul – Manchester United	0:1
30. September 2009	
ZSKA Moskau – Beşiktaş Istanbul	2:1
Manchester United – VfL Wolfsburg	2:1
21. Oktober 2009	
ZSKA Moskau – Manchester United	0:1
VfL Wolfsburg – Beşiktaş Istanbul	0:0
3. November 2009	
Manchester United – ZSKA Moskau	3:3
Beşiktaş Istanbul – VfL Wolfsburg	0:3
25. November 2009	
ZSKA Moskau – VfL Wolfsburg	2:1
Manchester United – Beşiktaş Istanbul	0:1
8. Dezember 2009	
VfL Wolfsburg – Manchester United	1:3
Beşiktaş Istanbul – ZSKA Moskau	1:2

Team	Spiele	S	U	N	T	P
1. **Manchester United**	6	4	1	1	10:6	13
2. **ZSKA Moskau**	6	3	1	2	10:10	10
3. VfL Wolfsburg	6	2	1	3	9:8	7
4. Beşiktaş Istanbul	6	1	1	4	3:8	4

Gruppe C

15. September 2009	
FC Zürich – Real Madrid	2:5
Olympique Marseille – AC Mailand	1:2
30. September 2009	
AC Mailand – FC Zürich	0:1
Real Madrid – Olympique Marseille	3:0
21. Oktober 2009	
Real Madrid – AC Mailand	2:3
FC Zürich – Olympique Marseille	0:1
3. November 2009	
AC Mailand – Real Madrid	1:1
Olympique Marseille – FC Zürich	6:1
25. November 2009	
Real Madrid – FC Zürich	1:0
AC Mailand – Olympique Marseille	1:1
8. Dezember 2009	
FC Zürich – AC Mailand	1:1
Olympique Marseille – Real Madrid	1:3

Team	Spiele	S	U	N	T	P
1. **Real Madrid**	6	4	1	1	15:7	13
2. **AC Mailand**	6	2	3	1	8:7	9
3. Olympique Marseille	6	2	1	3	10:10	7
4. FC Zürich	6	1	1	4	5:14	4

Gruppe D

15. September 2009	
FC Chelsea – FC Porto	1:0
Atlético Madrid – APOEL Nikosia	0:0
30. September 2009	
APOEL Nikosia – FC Chelsea	0:1
FC Porto – Atlético Madrid	2:0
21. Oktober 2009	
FC Porto – APOEL Nikosia	2:1
FC Chelsea – Atlético Madrid	4:0
3. November 2009	
APOEL Nikosia – FC Porto	0:1
Atlético Madrid – FC Chelsea	2:2
25. November 2009	
FC Porto – FC Chelsea	0:1
APOEL Nikosia – Atlético Madrid	1:1
8. Dezember 2009	
FC Chelsea – APOEL Nikosia	2:2
Atlético Madrid – FC Porto	0:3

Team	Spiele	S	U	N	T	P
1. **FC Chelsea**	6	4	2	0	11:4	14
2. **FC Porto**	6	4	0	2	8:3	12
3. Atlético Madrid	6	0	3	3	3:12	3
4. APOEL Nikosia	6	0	3	3	4:7	3

Gruppe E

16. September 2009

FC Liverpool – VSC Debrecen	1:0
Olympique Lyon – AC Florenz	1:0

29. September 2009

AC Florenz – FC Liverpool	2:0
VSC Debrecen – Olympique Lyon	0:4

20. Oktober 2009

VSC Debrecen – AC Florenz	3:4
FC Liverpool – Olympique Lyon	1:2

4. November 2009

AC Florenz – VSC Debrecen	5:2
Olympique Lyon – FC Liverpool	1:1

24. November 2009

VSC Debrecen – FC Liverpool	0:1
AC Florenz – Olympique Lyon	1:0

9. Dezember 2009

FC Liverpool – AC Florenz	1:2
Olympique Lyon – VSC Debrecen	4:0

Team	Spiele	S	U	N	T	P
1. **AC Florenz**	6	5	0	1	14:7	15
2. **Olympique Lyon**	6	4	1	1	12:3	13
3. FC Liverpool	6	2	1	3	5:7	7
4. VSC Debrecen	6	0	0	6	5:19	0

Gruppe G

16. September 2009

VfB Stuttgart – Glasgow Rangers	1:1
FC Sevilla – Unirea Urziceni	2:0

29. September 2009

Unirea Urziceni – VfB Stuttgart	1:1
Glasgow Rangers – FC Sevilla	1:4

20. Oktober 2009

Glasgow Rangers – Unirea Urziceni	1:4
VfB Stuttgart – FC Sevilla	1:3

4. November 2009

Unirea Urziceni – Glasgow Rangers	1:1
FC Sevilla – VfB Stuttgart	1:1

24. November 2009

Glasgow Rangers – VfB Stuttgart	0:2
Unirea Urziceni – FC Sevilla	1:0

9. Dezember 2009

VfB Stuttgart – Unirea Urziceni	3:1
FC Sevilla – Glasgow Rangers	1:0

Team	Spiele	S	U	N	T	P
1. **FC Sevilla**	6	4	1	1	11:4	13
2. **VfB Stuttgart**	6	2	3	1	9:7	9
3. Unirea Urziceni	6	2	2	2	8:8	8
4. Glasgow Rangers	6	0	2	4	4:13	2

Gruppe F

16. September 2009

Inter Mailand – FC Barcelona	0:0
Dynamo Kiew – Rubin Kasan	3:1

29. September 2009

Rubin Kasan – Inter Mailand	1:1
FC Barcelona – Dynamo Kiew	2:0

20. Oktober 2009

FC Barcelona – Rubin Kasan	1:2
Inter Mailand – Dynamo Kiew	2:2

4. November 2009

Rubin Kasan – FC Barcelona	0:0
Dynamo Kiew – Inter Mailand	1:2

24. November 2009

Rubin Kasan – Dynamo Kiew	0:0
FC Barcelona – Inter Mailand	2:0

9. Dezember 2009

Inter Mailand – Rubin Kasan	2:0
Dynamo Kiew – FC Barcelona	1:2

Team	Spiele	S	U	N	T	P
1. **FC Barcelona**	6	3	2	1	7:3	11
2. **Inter Mailand**	6	2	3	1	7:6	9
3. Rubin Kasan	6	1	3	2	4:7	6
4. Dynamo Kiew	6	1	2	3	7:9	5

Gruppe H

16. September 2009

Olympiakos Piräus – AZ Alkmaar	1:0
Standard Lüttich – FC Arsenal	2:3

29. September 2009

FC Arsenal – Olympiakos Piräus	2:0
AZ Alkmaar – Standard Lüttich	1:1

20. Oktober 2009

AZ Alkmaar – FC Arsenal	1:1
Olympiakos Piräus – Standard Lüttich	2:1

4. November 2009

FC Arsenal – AZ Alkmaar	4:1
Standard Lüttich – Olympiakos Piräus	2:0

24. November 2009

AZ Alkmaar – Olympiakos Piräus	0:0
FC Arsenal – Standard Lüttich	2:0

9. Dezember 2009

Olympiakos Piräus – FC Arsenal	1:0
Standard Lüttich – AZ Alkmaar	1:1

Team	Spiele	S	U	N	T	P
1. **FC Arsenal**	6	4	1	1	12:5	13
2. **Olympiakos Piräus**	6	3	1	2	4:5	10
3. Standard Lüttich	6	1	2	3	7:9	5
4. AZ Alkmaar	6	0	4	2	4:8	4

ACHTELFINALE

Die Hinspiele fanden am 16., 17., 23. und 24. Februar, die Rückspiele am 9., 10., 16. und 17. März 2010 statt.

Olympique Lyon – Real Madrid	1:0	1:1
AC Mailand – **Manchester United**	2:3	0:4
FC Bayern München – AC Florenz	2:1	2:3
FC Porto – **FC Arsenal**	2:1	0:5
VfB Stuttgart – **FC Barcelona**	1:1	0:4
Olympiakos Piräus – **Girondins Bordeaux**	0:1	1:2
Inter Mailand – FC Chelsea	2:1	1:0
ZSKA Moskau – FC Sevilla	1:1	2:1

VIERTELFINALE

Die Hinspiele fanden am 30./31. März, die Rückspiele am 6./7. April 2010 statt.

Olympique Lyon – Girondins Bordeaux	3:1	0:1
FC Bayern München – Manchester United	2:1	2:3
FC Arsenal – **FC Barcelona**	2:2	1:4
Inter Mailand – ZSKA Moskau	1:0	1:0

HALBFINALE

Die Hinspiele fanden am 20./21. April, die Rückspiele am 27./28. April 2010 statt.

FC Bayern München – Olympique Lyon	1:0	3:0
Inter Mailand – FC Barcelona	3:1	0:1

FINALE

Das Finale fand am 22. Mai 2010 statt.

FC Bayern München – Inter Mailand 0:2

QUALIFIKATION

1. Qualifikationsrunde

	Hin	Rück
Linfield FC – **Dinamo Zagreb**	0:2	1:1
FC Valletta – **FC Artmedia Petrzalka**	0:2	0:1
Dinamo Tiflis – NSÍ Runavíík	3:0	0:1
FC Santa Coloma – **FBK Kaunas**	1:4	1:3
SS Murata – **IFK Göteborg**	0:5	0:4
AFC Llanelli – **FK Ventspils**	1:0	0:4
Anorthosis Famagusta – FC Pjunik Eriwan	1:0	2:0
FK Inter Baku – Rabotnicki Skopje	0:0	1:1
Tampere United – FK Buducnost Podgorica	2:1	1:1
F91 Dudelange – **NK Domzale**	0:1	0:2
KS Dinamo Tirana – **FK Modrica Maxima**	0:2	1:2
FK Aqtöbe – **Sheriff Tiraspol**	1:0	0:4
Drogheda United – FC Levadia Tallinn	2:1	1:0
BATE Baryssau – Valur Reykjavík	2:0	1:0

2. Qualifikationsrunde

	Hin	Rück
Glasgow Rangers – **FBK Kaunas**	0:0	1:2
Brann Bergen – FK Ventspils	1:0	1:2
FK Inter Baku – **FK Partizan Belgrad**	1:1	0:2
Tampere United – **FC Artmedia Petrzalka**	1:3	2:4
Anorthosis Famagusta – SK Rapid Wien	3:0	1:3
NK Domzale – **Dinamo Zagreb**	0:3	2:3
Panathinaikos Athen – Dinamo Tiflis	3:0	0:0
IFK Göteborg – **FC Basel**	1:1	2:4
Sheriff Tiraspol – **Sparta Prag**	0:1	0:2
Drogheda United – **Dynamo Kiew**	1:2	2:2
RSC Anderlecht – **BATE Baryssau**	1:2	2:2
Beitar Jerusalem – **Wista Krakau**	2:1	0:5
Fenerbahçe Istanbul – MTK Budapest FC	2:0	5:0
Aalborg BK – FK Modrica Maxima	5:0	2:1

3. Qualifikationsrunde

	Hin	Rück
Anorthosis Famagusta – Olympiakos Piräus	3:0	0:1
Vitória Guimarães – **FC Basel**	0:0	1:2
Schachtar Donezk – Dinamo Zagreb	2:0	3:1
FC Schalke 04 – **Atlético Madrid**	1:0	0:4
Aalborg BK – FBK Kaunas	2:0	2:0
FC Barcelona – Wista Krakau	4:0	0:1
Lewski Sofia – **BATE Baryssau**	0:1	1:1
Standard Lüttich – **FC Liverpool**	0:0	0:1 n.V.
FK Partizan Belgrad – **Fenerbahçe Istanbul**	2:2	1:2
FC Twente Enschede – **FC Arsenal**	0:2	0:4
Spartak Moskau – **Dynamo Kiew**	1:4	1:4
Juventus Turin – FC Artmedia Petrzalka	4:0	1:1
Brann Bergen – **Olympique Marseille**	0:1	1:2
AC Florenz – Slavia Prag	2:0	0:0
Galatasaray Istanbul – **Steaua Bukarest**	2:2	0:1
Sparta Prag – **Panathinaikos Athen**	1:2	0:1

GRUPPENPHASE

Gruppe A

16. September 2008

FC Chelsea – Girondins Bordeaux	4:0
AS Rom – CFR Cluj	1:2

1. Oktober 2008

CFR Cluj – FC Chelsea	0:0
Girondins Bordeaux – AS Rom	1:3

22. Oktober 2008

Girondins Bordeaux – CFR Cluj	1:0
FC Chelsea – AS Rom	1:0

4. November 2008

CFR Cluj – Girondins Bordeaux	1:2
AS Rom – FC Chelsea	3:1

26. November 2008

Girondins Bordeaux – FC Chelsea	1:1
CFR Cluj – AS Rom	1:3

9. Dezember 2008

FC Chelsea – CFR Cluj	2:1
AS Rom – Girondins Bordeaux	2:0

Team	Spiele	S	U	N	T	P
1. **AS Rom**	6	4	0	2	12:6	**12**
2. **FC Chelsea**	6	3	2	1	9:5	**11**
3. Girondins Bordeaux	6	2	1	3	5:11	**7**
4. CFR Cluj	6	1	1	4	5:9	**4**

Gruppe B

16. September 2008

Panathinaikos Athen – Inter Mailand	0:2
Werder Bremen – Anorthosis Famagusta	0:0

1. Oktober 2008

Anorthosis Famagusta – Panathinaikos Athen	3:1
Inter Mailand – Werder Bremen	1:1

22. Oktober 2008

Inter Mailand – Anorthosis Famagusta	1:0
Panathinaikos Athen – Werder Bremen	2:2

4. November 2008

Anorthosis Famagusta – Inter Mailand	3:3
Werder Bremen – Panathinaikos Athen	0:3

26. November 2008

Inter Mailand – Panathinaikos Athen	0:1
Anorthosis Famagusta – Werder Bremen	2:2

9. Dezember 2008

Panathinaikos Athen – Anorthosis Famagusta	1:0
Werder Bremen – Inter Mailand	2:1

Team	Spiele	S	U	N	T	P
1. **Panathinaikos Athen**	6	3	1	2	8:7	**10**
2. **Inter Mailand**	6	2	2	2	8:7	**8**
3. Werder Bremen	6	1	4	1	7:9	**7**
4. Anorthosis Famagusta	6	1	3	2	8:8	**6**

Gruppe C

16. September 2008

FC Basel – Schachtar Donezk	1:2
FC Barcelona – Sporting Lissabon	3:1

1. Oktober 2008

Sporting Lissabon – FC Basel	2:0
Schachtar Donezk – FC Barcelona	1:2

22. Oktober 2008

Schachtar Donezk – Sporting Lissabon	0:1
FC Basel – FC Barcelona	0:5

4. November 2008

Sporting Lissabon – Schachtar Donezk	1:0
FC Barcelona – FC Basel	1:1

26. November 2008

Schachtar Donezk – FC Basel	5:0
Sporting Lissabon – FC Barcelona	2:5

9. Dezember 2008

FC Basel – Sporting Lissabon	0:1
FC Barcelona – Schachtar Donezk	2:3

Team	Spiele	S	U	N	T	P
1. **FC Barcelona**	6	4	1	1	18:8	**13**
2. **Sporting Lissabon**	6	4	0	2	8:8	**12**
3. Schachtar Donezk	6	3	0	3	11:7	**9**
4. FC Basel	6	0	1	5	2:16	**1**

Gruppe D

16. September 2008

PSV Eindhoven – Atlético Madrid	0:3
Olympique Marseille – FC Liverpool	1:2

1. Oktober 2008

FC Liverpool – PSV Eindhoven	3:1
Atlético Madrid – Olympique Marseille	2:1

22. Oktober 2008

Atlético Madrid – FC Liverpool	1:1
PSV Eindhoven – Olympique Marseille	2:0

4. November 2008

FC Liverpool – Atlético Madrid	1:1
Olympique Marseille – PSV Eindhoven	3:0

26. November 2008

Atlético Madrid – PSV Eindhoven	2:1
FC Liverpool – Olympique Marseille	1:0

9. Dezember 2008

PSV Eindhoven – FC Liverpool	1:3
Olympique Marseille – Atlético Madrid	0:0

Team	Spiele	S	U	N	T	P
1. **FC Liverpool**	6	4	2	0	11:5	**14**
2. **Atlético Madrid**	6	3	3	0	9:4	**12**
3. Olympique Marseille	6	1	1	4	5:7	**4**
4. PSV Eindhoven	6	1	0	5	5:14	**3**

Gruppe E

17. September 2008
Manchester United – FC Villarreal 0:0
Celtic Glasgow – Aalborg BK 0:0

30. September 2008
Aalborg BK – Manchester United 0:3
FC Villarreal – Celtic Glasgow 1:0

21. Oktober 2008
FC Villarreal – Aalborg BK 6:3
Manchester United – Celtic Glasgow 3:0

5. November 2008
Aalborg BK – FC Villarreal 2:2
Celtic Glasgow – Manchester United 1:1

25. November 2008
FC Villarreal – Manchester United 0:0
Aalborg BK – Celtic Glasgow 2:1

10. Dezember 2008
Manchester United – Aalborg BK 2:2
Celtic Glasgow – FC Villarreal 2:0

Team	Spiele	S	U	N	T	P
1. **Manchester United**	6	2	4	0	9:3	**10**
2. **FC Villarreal**	6	2	3	1	9:7	**9**
3. Aalborg BK	6	1	3	2	9:14	6
4. Celtic Glasgow	6	1	2	3	4:7	5

Gruppe F

17. September 2008
Steaua Bukarest – FC Bayern München 0:1
Olympique Lyon – AC Florenz 2:2

30. September 2008
AC Florenz – Steaua Bukarest 0:0
FC Bayern München – Olympique Lyon 1:1

21. Oktober 2008
FC Bayern München – AC Florenz 3:0
Steaua Bukarest – Olympique Lyon 3:5

5. November 2008
AC Florenz – FC Bayern München 1:1
Olympique Lyon – Steaua Bukarest 2:0

25. November 2008
FC Bayern München – Steaua Bukarest 3:0
AC Florenz – Olympique Lyon 1:2

10. Dezember 2008
Steaua Bukarest – AC Florenz 0:1
Olympique Lyon – FC Bayern München 2:3

Team	Spiele	S	U	N	T	P
1. **FC Bayern München**	6	4	2	0	12:4	**14**
2. **Olympique Lyon**	6	3	2	1	14:10	**11**
3. AC Florenz	6	1	3	2	5:8	6
4. Steaua Bukarest	6	0	1	5	3:12	1

Gruppe G

17. September 2008
FC Porto – Fenerbahçe Istanbul 3:1
Dynamo Kiew – FC Arsenal 1:1

30. September 2008
FC Arsenal – FC Porto 4:0
Fenerbahçe Istanbul – Dynamo Kiew 0:0

21. Oktober 2008
Fenerbahçe Istanbul – FC Arsenal 2:5
FC Porto – Dynamo Kiew 0:1

5. November 2008
FC Arsenal – Fenerbahçe Istanbul 0:0
Dynamo Kiew – FC Porto 1:2

25. November 2008
Fenerbahçe Istanbul – FC Porto 1:2
FC Arsenal – Dynamo Kiew 1:0

10. Dezember 2008
FC Porto – FC Arsenal 2:0
Dynamo Kiew – Fenerbahçe Istanbul 1:0

Team	Spiele	S	U	N	T	P
1. **FC Porto**	6	4	0	2	9:8	**12**
2. **FC Arsenal**	6	3	2	1	11:5	**11**
3. Dynamo Kiew	6	2	2	2	4:4	8
4. Fenerbahçe Istanbul	6	0	2	4	4:11	2

Gruppe H

17. September 2008
Juventus Turin – Zenit Sankt Petersburg 1:0
Real Madrid – BATE Baryssau 2:0

30. September 2008
BATE Baryssau – Juventus Turin 2:2
Zenit Sankt Petersburg – Real Madrid 1:2

21. Oktober 2008
Zenit Sankt Petersburg – BATE Baryssau 1:1
Juventus Turin – Real Madrid 2:1

5. November 2008
BATE Baryssau – Zenit Sankt Petersburg 0:2
Real Madrid – Juventus Turin 0:2

25. November 2008
Zenit Sankt Petersburg – Juventus Turin 0:0
BATE Baryssau – Real Madrid 0:1

10. Dezember 2008
Juventus Turin – BATE Baryssau 0:0
Real Madrid – Zenit Sankt Petersburg 3:0

Team	Spiele	S	U	N	T	P
1. **Juventus Turin**	6	3	3	0	7:3	**12**
2. **Real Madrid**	6	4	0	2	9:5	**12**
3. Zenit Sankt Petersburg	6	1	2	3	4:7	5
4. BATE Baryssau	6	0	3	3	3:8	3

ACHTELFINALE

Die Hinspiele fanden am 24./25. Februar, die Rückspiele am 10./11. März 2009 statt.

FC Chelsea – Juventus Turin	1:0	2:2
FC Villarreal – Panathinaikos Athen	1:1	2:1
Sporting Lissabon – **FC Bayern München**	0:5	1:7
Real Madrid – **FC Liverpool**	0:1	0:4
Atlético Madrid – **FC Porto**	2:2	0:0
Olympique Lyon – **FC Barcelona**	1:1	2:5
FC Arsenal – AS Rom	1:0	0:1 n.V. 7:6 n. E.
Inter Mailand – **Manchester United**	0:0	0:2

VIERTELFINALE

Die Hinspiele fanden am 7./8. April, die Rückspiele am 14./15. April 2009 statt.

FC Villarreal – **FC Arsenal**	1:1	0:3
Manchester United – FC Porto	2:2	1:0
FC Liverpool – **FC Chelsea**	1:3	4:4
FC Barcelona – FC Bayern München	4:0	1:1

HALBFINALE

Die Hinspiele fanden am 28./29. April, die Rückspiele am 5./6. Mai 2009 statt.

Manchester United – FC Arsenal	1:0	3:1
FC Barcelona – FC Chelsea	0:0	1:1

FINALE

Das Finale fand am 27. Mai 2009 statt.

FC Barcelona – Manchester United 2:0

QUALIFIKATION

1. Qualifikationsrunde

	Hin	Rück
FK Xezer Lenkeran – **Dinamo Zagreb**	1:1	1:3 n.V.
APOEL Nikosia – **BATE Baryssau**	2:0	0:3 n.V.
Sheriff Tiraspol – FC Rànger's	2:0	3:0
FH Hafnarfjörour – HB Tórshavn	4:1	0:0
The New Saints FC – **FK Ventspils**	3:2	1:2
FK Pobeda Prilep – **FC Levadia Tallinn**	0:1	0:0
Olimpi Rustawi – **FK Astana**	0:0	0:3
Zeta Golubovci – FBK Kaunas	3:1	2:3
SS Murata – **Tampere United**	1:2	0:2
F91 Dudelange – **MSK Zilina**	1:2	4:5
Linfield FC – **IF Elfsborg**	0:0	0:1
Derry City – **FC Pjunik Eriwan**	0:0	0:2
FC Marsaxlok – **FK Sarajevo**	0:6	1:3
NK Domzale – KF Tirana	1:0	2:1

2. Qualifikationsrunde

	Hin	Rück
FC Pjunik Eriwan – **Schachtar Donezk**	0:2	1:2
Roter Stern Belgrad – FC Levadia Tallinn	1:0	1:2
Glasgow Rangers – Zeta Golubovci	2:0	1:0
Debreceni VSC – **IF Elfsborg**	0:1	0:0
Zagl bie Lubin – **Steaua Bukarest**	0:1	1:2
KRC Genk – **FK Sarajevo**	1:2	1:0
FK Ventspils – **FC Salzburg**	0:3	0:4
FK Astana – **Rosenborg Trondheim**	1:3	1:7
FH Hafnarfjörour – **BATE Baryssau**	1:3	1:1
FC Kopenhagen – Beitar Jerusalem	1:0	1:1 n.V.
MSK Zilina – **Slavia Prag**	0:0	0:0 n.V. 3:4 i. E.
Tampere United – Lewski Sofia	1:0	1:0
NK Domzale – **Dinamo Zagreb**	1:2	1:3
Besiktas Istanbul – Sheriff Tiraspol	1:0	3:0

3. Qualifikationsrunde

	Hin	Rück
BATE Baryssau – **Steaua Bukarest**	2:2	0:2
Tampere United – **Rosenborg Trondheim**	0:3	0:2
Spartak Moskau – **Celtic Glasgow**	1:1	1:1 n.V. 3:4 i. E.
Werder Bremen – Dinamo Zagreb	2:1	3:2
FC Salzburg – **Schachtar Donezk**	1:0	1:3
Ajax Amsterdam – **Slavia Prag**	0:1	1:2
FC Valencia – IF Elfsborg	3:0	2:1
FK Sarajevo – **Dynamo Kiew**	0:1	0:3
Fenerbahçe Istanbul – RSC Anderlecht	1:0	2:0
Glasgow Rangers – Roter Stern Belgrad	1:0	0:0
FC Toulouse – **FC Liverpool**	0:1	0:4
Benfica Lissabon – FC Kopenhagen	2:1	1:0
Lazio Rom – Dinamo Bukarest	1:1	3:1
Sparta Prag – **FC Arsenal**	0:2	0:3
FC Zürich – **Besiktas Istanbul**	1:1	0:2
FC Sevilla – AEK Athen	2:0	4:1

GRUPPENPHASE

Gruppe A

18. September 2007	
FC Porto – FC Liverpool	1:1
Olympique Marseille – Beşiktaş Istanbul	2:0
3. Oktober 2007	
Beşiktaş Istanbul – FC Porto	0:1
FC Liverpool – Olympique Marseille	0:1
24. Oktober 2007	
Beşiktaş Istanbul – FC Liverpool	2:1
Olympique Marseille – FC Porto	1:1
6. November 2007	
FC Porto – Olympique Marseille	2:1
FC Liverpool – Beşiktaş Istanbul	8:0
28. November 2007	
Beşiktaş Istanbul – Olympique Marseille	2:1
FC Liverpool – FC Porto	4:1
11. Dezember 2007	
Olympique Marseille – FC Liverpool	0:4
FC Porto – Beşiktaş Istanbul	2:0

Team	Spiele	S	U	N	T	P
1. **FC Porto**	6	3	2	1	8:7	**11**
2. **FC Liverpool**	6	3	1	2	18:5	**10**
3. Olympique Marseille	6	2	1	3	6:9	7
4. Beşiktaş Istanbul	6	2	0	4	4:15	6

Gruppe B

18. September 2007	
FC Chelsea – Rosenborg Trondheim	1:1
FC Schalke 04 – FC Valencia	0:1
3. Oktober 2007	
Rosenborg Trondheim – FC Schalke 04	0:2
FC Valencia – FC Chelsea	1:2
24. Oktober 2007	
FC Chelsea – FC Schalke 04	2:0
Rosenborg Trondheim – FC Valencia	2:0
6. November 2007	
FC Schalke 04 – FC Chelsea	0:0
FC Valencia – Rosenborg Trondheim	0:2
28. November 2007	
FC Valencia – FC Schalke 04	0:0
Rosenborg Trondheim – FC Chelsea	0:4
11. Dezember 2007	
FC Chelsea – FC Valencia	0:0
FC Schalke 04 – Rosenborg Trondheim	3:1

Team	Spiele	S	U	N	T	P
1. **FC Chelsea**	6	3	3	0	9:2	**12**
2. **FC Schalke 04**	6	2	2	2	5:4	8
3. Rosenborg Trondheim	6	2	1	3	6:10	7
4. FC Valencia	6	1	2	3	2:6	5

Gruppe C

18. September 2007	
Real Madrid – Werder Bremen	2:1
Olympiakos Piräus – Lazio Rom	1:1
3. Oktober 2007	
Lazio Rom – Real Madrid	2:2
Werder Bremen – Olympiakos Piräus	1:3
24. Oktober 2007	
Real Madrid – Olympiakos Piräus	4:2
Werder Bremen – Lazio Rom	2:1
6. November 2007	
Lazio Rom – Werder Bremen	2:1
Olympiakos Piräus – Real Madrid	0:0
28. November 2007	
Lazio Rom – Olympiakos Piräus	1:2
Werder Bremen – Real Madrid	3:2
11. Dezember 2007	
Olympiakos Piräus – Werder Bremen	3:0
Real Madrid – Lazio Rom	3:1

Team	Spiele	S	U	N	T	P
1. **Real Madrid**	6	3	2	1	13:9	**11**
2. **Olympiakos Piräus**	6	3	2	1	11:7	**11**
3. Werder Bremen	6	2	0	4	8:13	6
4. Lazio Rom	6	1	2	3	8:11	5

Gruppe D

18. September 2007	
AC Mailand – Benfica Lissabon	2:1
Schachtar Donezk – Celtic Glasgow	2:0
3. Oktober 2007	
Benfica Lissabon – Schachtar Donezk	0:1
Celtic Glasgow – AC Mailand	2:1
24. Oktober 2007	
AC Mailand – Schachtar Donezk	4:1
Benfica Lissabon – Celtic Glasgow	1:0
6. November 2007	
Celtic Glasgow – Benfica Lissabon	1:0
Schachtar Donezk – AC Mailand	0:3
28. November 2007	
Celtic Glasgow – Schachtar Donezk	2:1
Benfica Lissabon – AC Mailand	1:1
4. Dezember 2007	
AC Mailand – Celtic Glasgow	1:0
Schachtar Donezk – Benfica Lissabon	1:2

Team	Spiele	S	U	N	T	P
1. **AC Mailand**	6	4	1	1	12:5	**13**
2. **Celtic Glasgow**	6	3	0	3	5:6	9
3. Benfica Lissabon	6	2	1	3	5:6	7
4. Schachtar Donezk	6	2	0	4	6:11	6

Gruppe E

19. September 2007
FC Barcelona – Olympique Lyon 3:0
Glasgow Rangers – VfB Stuttgart 2:1

2. Oktober 2007
VfB Stuttgart – FC Barcelona 0:2
Olympique Lyon – Glasgow Rangers 0:3

23. Oktober 2007
Glasgow Rangers – FC Barcelona 0:0
VfB Stuttgart – Olympique Lyon 0:2

7. November 2007
Olympique Lyon – VfB Stuttgart 4:2
FC Barcelona – Glasgow Rangers 2:0

27. November 2007
VfB Stuttgart – Glasgow Rangers 3:2
Olympique Lyon – FC Barcelona 2:2

12. Dezember 2007
Glasgow Rangers – Olympique Lyon 0:3
FC Barcelona – VfB Stuttgart 3:1

Team	Spiele	S	U	N	T	P
1. **FC Barcelona**	6	4	2	0	12:3	**14**
2. **Olympique Lyon**	6	3	1	2	11:10	**10**
3. Glasgow Rangers	6	2	1	3	7:9	7
4. VfB Stuttgart	6	1	0	5	7:15	3

Gruppe F

19. September 2007
AS Rom – Dynamo Kiew 2:0
Sporting Lissabon – Manchester United 0:1

2. Oktober 2007
Manchester United – AS Rom 1:0
Dynamo Kiew – Sporting Lissabon 1:2

23. Oktober 2007
AS Rom – Sporting Lissabon 2:1
Dynamo Kiew – Manchester United 2:4

7. November 2007
Manchester United – Dynamo Kiew 4:0
Sporting Lissabon – AS Rom 2:2

27. November 2007
Manchester United – Sporting Lissabon 2:1
Dynamo Kiew – AS Rom 1:4

12. Dezember 2007
Sporting Lissabon – Dynamo Kiew 3:0
AS Rom – Manchester United 1:1

Team	Spiele	S	U	N	T	P
1. **Manchester United**	6	5	1	0	13:4	**16**
2. **AS Rom**	6	3	2	1	11:6	**11**
3. Sporting Lissabon	6	2	1	3	9:8	7
4. Dynamo Kiew	6	0	0	6	4:19	0

Gruppe G

19. September 2007
PSV Eindhoven – ZSKA Moskau 2:1
Fenerbahçe Istanbul – Inter Mailand 1:0

2. Oktober 2007
Inter Mailand – PSV Eindhoven 2:0
ZSKA Moskau – Fenerbahçe Istanbul 2:2

23. Oktober 2007
ZSKA Moskau – Inter Mailand 1:2
PSV Eindhoven – Fenerbahçe Istanbul 0:0

7. November 2007
Inter Mailand – ZSKA Moskau 4:2
Fenerbahçe Istanbul – PSV Eindhoven 2:0

27. November 2007
ZSKA Moskau – PSV Eindhoven 0:1
Inter Mailand – Fenerbahçe Istanbul 3:0

12. Dezember 2007
Fenerbahçe Istanbul – ZSKA Moskau 3:1
PSV Eindhoven – Inter Mailand 0:1

Team	Spiele	S	U	N	T	P
1. **Inter Mailand**	6	5	0	1	12:4	15
2. **Fenerbahçe Istanbul**	6	3	2	1	8:6	11
3. PSV Eindhoven	6	2	1	3	3:6	7
4. ZSKA Moskau	6	0	1	5	5:7	1

Gruppe H

19. September 2007
FC Arsenal – FC Sevilla 3:0
Slavia Prag – Steaua Bukarest 2:1

2. Oktober 2007
Steaua Bukarest – FC Arsenal 0:1
FC Sevilla – Slavia Prag 4:2

23. Oktober 2007
FC Arsenal – Slavia Prag 7:0
FC Sevilla – Steaua Bukarest 2:1

7. November 2007
Steaua Bukarest – FC Sevilla 0:2
Slavia Prag – FC Arsenal 0:0

27. November 2007
Steaua Bukarest – Slavia Prag 1:1
FC Sevilla – FC Arsenal 3:1

12. Dezember 2007
Slavia Prag – FC Sevilla 0:3
FC Arsenal – Steaua Bukarest 2:1

Team	Spiele	S	U	N	T	P
1. **FC Sevilla**	6	5	0	1	14:7	15
2. **FC Arsenal**	6	4	1	1	14:4	13
3. Slavia Prag	6	1	2	3	5:16	5
4. Steaua Bukarest	6	0	1	5	4:10	1

ACHTELFINALE

Die Hinspiele fanden am 19./20. Februar, die Rückspiele am 4./5. März 2008 statt.

FC Schalke 04 – FC Porto	1:0	0:1 n.V. 4:1 i. E.
FC Liverpool – Inter Mailand	2:0	1:0
AS Rom – Real Madrid	2:1	2:1
Olympiakos Piräus – **FC Chelsea**	0:0	0:3
Celtic Glasgow – **FC Barcelona**	2:3	0:1
Olympique Lyon – **Manchester United**	1:1	0:1
FC Arsenal – AC Mailand	0:0	2:0
Fenerbahçe Istanbul – FC Sevilla	3:2	2:3 n.V. 3:2 i. E.

VIERTELFINALE

Die Hinspiele fanden am 1./2. April, die Rückspiele am 8./9. April 2008 statt.

AS Rom – **Manchester United**	0:2	0:1
FC Schalke 04 – **FC Barcelona**	0:1	0:1
FC Arsenal – **FC Liverpool**	1:1	2:4
Fenerbahçe Istanbul – **FC Chelsea**	2:1	0:2

HALBFINALE

Die Hinspiele fanden am 22./23. April, die Rückspiele am 29./30. April 2008 statt.

FC Liverpool – **FC Chelsea**	1:1	2:3 n.V.
FC Barcelona – **Manchester United**	0:0	0:1

FINALE

Das Finale fand am 28. Mai 2008 statt.

Manchester United – FC Chelsea 1:1 n.V., 6:5 i. E.

QUALIFIKATION

1. Qualifikationsrunde

	Hin	Rück
KF Elbasani – **Ekranas Panevòezys**	1:0	0:3
FC TVMK Tallinn – **FH Hafnarfjörour**	2:3	1:1
Linfield FC – **ND Gorica**	1:3	2:2
FC Birkirkara – **B36 Tórshavn**	0:3	2:2
Sioni Bolnissi – FK Baku	2:0	0:1
F91 Dudelange – **Rabotnicki Skopje**	0:1	0:0
FC Pjunik Eriwan – **Sheriff Tiraspol**	0:0	0:2
Myllykosken Pallo -47 – The New Saints FC	1:0	1:0
Liepajas Metalurgs – FK Aqtöbe	1:0	1:1
Schachzjor Salihorsk – **NK Široki Brijeg**	0:1	0:1

2. Qualifikationsrunde

	Hin	Rück
Ekranas Panevòzys – **Dinamo Zagreb**	1:4	2:5
Sheriff Tiraspol – **Spartak Moskau**	1:1	0:0
Liepajas Metalurgs – **Dynamo Kiew**	1:4	0:4
Lewski Sofia – Sioni Bolnissi	2:0	2:0
Djurgåårdens IF – **MFK Ruzomberok**	1:0	1:3
Fenerbahçe Istanbul – B36 Tórshavn	4:0	5:0
FC Zürich – **FC Salzburg**[1]	2:1	0:2
FH Hafnarfjörour – **Legia Warschau**	0:1	0:2
Debreceni VSC – **Rabotnicki Skopje**	1:1	1:4
Cork City FC – **Roter Stern Belgrad**	0:1	0:3
FK Mladá Boleslav – Vålerenga IF	3:1	2:2
FC Kopenhagen – Myllykosken Pallo -47	2:0	2:2
Heart of Midlothian – NK Široki Brijeg	3:0	0:0
ND Gorica – **Steaua Bukarest**	0:2	0:3

1 Von der UEFA wird der FC Red Bull Salzburg als FC Salzburg geführt.

3. Qualifikationsrunde

	Hin	Rück
FK Austria Wien – **Benfica Lissabon**	1:1	0:3
Dinamo Zagreb – **FC Arsenal**	0:3	1:2
ZSKA Moskau – MFK Ruzomberok	3:0	2:0
Dynamo Kiew – Fenerbahçe Istanbul	3:1	2:2
OSC Lille – Rabotnicki Skopje	3:0	1:0
Schachtar Donezk – Legia Warschau	1:0	3:2
Lewski Sofia – AC Chievo Verona[2]	2:0	2:2
Galatasaray Istanbul – FK Mladá Boleslav	5:2	1:1
Slovan Liberec – **Spartak Moskau**	0:0	1:2
Standard Lüttich – **Steaua Bukarest**	2:2	1:2
FC Kopenhagen – **Ajax Amsterdam**	1:2	2:0
Hamburger SV – CA Osasuna	0:0	1:1
FC Salzburg – **FC Valencia**	1:0	0:3
AC Mailand[3] – Roter Stern Belgrad	1:0	2:1
FC Liverpool – Maccabi Haifa	2:1	1:1[4]
Heart of Midlothian – **AEK Athen**	1:2	0:3

2 ersetzt AC Florenz
3 wurde zurückgestuft und muss sich nun qualifizieren
4 Das Heimspiel von Maccabi Haifa wurde in Kiew ausgetragen, da die UEFA zu diesem Zeitpunkt keine internationalen Spiele in der Umgebung von Tel Aviv zuließ.

GRUPPENPHASE

Gruppe A

12. September 2006
FC Chelsea – Werder Bremen 2:0
FC Barcelona – Lewski Sofia 5:0

27. September 2006
Lewski Sofia – FC Chelsea 1:3
Werder Bremen – FC Barcelona 1:1

18. Oktober 2006
Werder Bremen – Lewski Sofia 2:0
FC Chelsea – FC Barcelona 1:0

31. Oktober 2006
Lewski Sofia – Werder Bremen 0:3
FC Barcelona – FC Chelsea 2:2

22. November 2006
Werder Bremen – FC Chelsea 1:0
Lewski Sofia – FC Barcelona 0:2

5. Dezember 2006
FC Chelsea – Lewski Sofia 2:0
FC Barcelona – Werder Bremen 2:0

Team	Spiele	S	U	N	T	P
1. **FC Chelsea**	6	4	1	1	10:4	13
2. **FC Barcelona**	6	3	2	1	12:4	11
3. Werder Bremen	6	3	1	2	7:5	10
4. Lewski Sofia	6	0	0	6	1:17	0

Gruppe C

12. September 2006
Galatasaray Istanbul – Girondins Bordeaux 0:0
PSV Eindhoven – FC Liverpool 0:0

27. September 2006
FC Liverpool – Galatasaray Istanbul 3:2
Girondins Bordeaux – PSV Eindhoven 0:1

18. Oktober 2006
Girondins Bordeaux – FC Liverpool 0:1
Galatasaray Istanbul – PSV Eindhoven 1:2

31. Oktober 2006
FC Liverpool – Girondins Bordeaux 3:0
PSV Eindhoven – Galatasaray Istanbul 2:0

22. November 2006
Girondins Bordeaux – Galatasaray Istanbul 3:1
FC Liverpool – PSV Eindhoven 2:0

5. Dezember 2006
Galatasaray Istanbul – FC Liverpool 3:2
PSV Eindhoven – Girondins Bordeaux 1:3

Team	Spiele	S	U	N	T	P
1. **FC Liverpool**	6	4	1	1	11:5	13
2. **PSV Eindhoven**	6	3	1	2	6:6	10
3. Girondins Bordeaux	6	2	1	3	6:7	7
4. Galatasaray Istanbul	6	1	1	4	7:12	4

Gruppe B

12. September 2006
Sporting Lissabon – Inter Mailand 1:0
FC Bayern München – Spartak Moskau 4:0

27. September 2006
Spartak Moskau – Sporting Lissabon 1:1
Inter Mailand – FC Bayern München 0:2

18. Oktober 2006
Inter Mailand – Spartak Moskau 2:1
Sporting Lissabon – FC Bayern München 0:1

31. Oktober 2006
Spartak Moskau – Inter Mailand 0:1
FC Bayern München – Sporting Lissabon 0:0

22. November 2006
Spartak Moskau – Bayern München 2:2
Inter Mailand – Sporting Lissabon 1:0

5. Dezember 2006
Sporting Lissabon – Spartak Moskau 1:3
FC Bayern München – Inter Mailand 1:1

Team	Spiele	S	U	N	T	P
1. **FC Bayern München**	6	3	3	0	10:3	12
2. **Inter Mailand**	6	3	1	2	5:5	10
3. Spartak Moskau	6	1	2	3	7:11	5
4. Sporting Lissabon	6	1	2	3	3:6	5

Gruppe D

12. September 2006
Olympiakos Piräus – FC Valencia 2:4
AS Rom – Schachtar Donezk 4:0

27. September 2006
Schachtar Donezk – Olympiakos Piräus 2:2
FC Valencia – AS Rom 2:1

18. Oktober 2006
FC Valencia – Schachtar Donezk 2:0
Olympiakos Piräus – AS Rom 0:1

31. Oktober 2006
Schachtar Donezk – FC Valencia 2:2
AS Rom – Olympiakos Piräus 1:1

22. November 2006
FC Valencia – Olympiakos Piräus 2:0
Schachtar Donezk – AS Rom 1:0

5. Dezember 2006
Olympiakos Piräus – Schachtar Donezk 1:1
AS Rom – FC Valencia 1:0

Team	Spiele	S	U	N	T	P
1. **FC Valencia**	6	4	1	1	12:6	13
2. **AS Rom**	6	3	1	2	8:4	10
3. Schachtar Donezk	6	1	3	2	6:11	6
4. Olympiakos Piräus	6	0	3	3	6:11	3

Gruppe E

13. September 2006

Dynamo Kiew – Steaua Bukarest	1:4
Olympique Lyon – Real Madrid	2:0

26. September 2006

Real Madrid – Dynamo Kiew	5:1
Steaua Bukarest – Olympique Lyon	0:3

17. Oktober 2006

Steaua Bukarest – Real Madrid	1:4
Dynamo Kiew – Olympique Lyon	0:3

1. November 2006

Real Madrid – Steaua Bukarest	1:0
Olympique Lyon – Dynamo Kiew	1:0

21. November 2006

Steaua Bukarest – Dynamo Kiew	1:1
Real Madrid – Olympique Lyon	2:2

6. Dezember 2006

Dynamo Kiew – Real Madrid	2:2
Olympique Lyon – Steaua Bukarest	1:1

Team	Spiele	S	U	N	T	P
1. **Olympique Lyon**	6	4	2	0	12:3	**14**
2. **Real Madrid**	6	3	2	1	14:8	**11**
3. Steaua Bukarest	6	1	2	3	7:11	5
4. Dynamo Kiew	6	0	2	4	5:16	2

Gruppe F

13. September 2006

Manchester United – Celtic Glasgow	3:2
FC Kopenhagen – Benfica Lissabon	0:0

26. September 2006

Benfica Lissabon – Manchester United	0:1
Celtic Glasgow – FC Kopenhagen	1:0

17. Oktober 2006

Celtic Glasgow – Benfica Lissabon	3:0
Manchester United – FC Kopenhagen	3:0

1. November 2006

Benfica Lissabon – Celtic Glasgow	3:0
FC Kopenhagen – Manchester United	1:0

21. November 2006

Celtic Glasgow – Manchester United	1:0
Benfica Lissabon – FC Kopenhagen	3:1

6. Dezember 2006

Manchester United – Benfica Lissabon	3:1
FC Kopenhagen – Celtic Glasgow	3:1

Team	Spiele	S	U	N	T	P
1. **Manchester United**	6	4	0	2	10:5	**12**
2. **Celtic Glasgow**	6	3	0	3	8:9	9
3. Benfica Lissabon	6	2	1	3	7:8	7
4. FC Kopenhagen	6	2	1	3	5:8	7

Gruppe G

13. September 2006

FC Porto – ZSKA Moskau	0:0
Hamburger SV – FC Arsenal	1:2

26. September 2006

ZSKA Moskau – Hamburger SV	1:0
FC Arsenal – FC Porto	2:0

17. Oktober 2006

ZSKA Moskau – FC Arsenal	1:0
FC Porto – Hamburger SV	4:1

1. November 2006

FC Arsenal – ZSKA Moskau	0:0
Hamburger SV – FC Porto	1:3

21. November 2006

ZSKA Moskau – FC Porto	0:2
FC Arsenal – Hamburger SV	3:1

6. Dezember 2006

FC Porto – FC Arsenal	0:0
Hamburger SV – ZSKA Moskau	3:2

Team	Spiele	S	U	N	T	P
1. **FC Arsenal**	6	3	2	1	7:3	**11**
2. **FC Porto**	6	3	2	1	9:4	**11**
3. ZSKA Moskau	6	2	2	2	4:5	8
4. Hamburger SV	6	1	0	5	7:15	3

Gruppe H

13. September 2006

RSC Anderlecht – OSC Lille	1:1
AC Mailand – AEK Athen	3:0

26. September 2006

AEK Athen – RSC Anderlecht	1:1
OSC Lille – AC Mailand	0:0

17. Oktober 2006

OSC Lille – AEK Athen	3:1
RSC Anderlecht – AC Mailand	0:1

1. November 2006

AEK Athen – OSC Lille	0:1
AC Mailand – RSC Anderlecht	4:1

21. November 2006

OSC Lille – RSC Anderlecht	2:2
AEK Athen – AC Mailand	1:0

6. Dezember 2006

RSC Anderlecht – AEK Athen	2:2
AC Mailand – OSC Lille	0:2

Team	Spiele	S	U	N	T	P
1. **AC Mailand**	6	3	1	2	8:4	10
2. **OSC Lille**	6	2	3	1	8:5	9
3. AEK Athen	6	2	2	2	6:9	8
4. RSC Anderlecht	6	0	4	2	7:11	4

ACHTELFINALE

Die Hinspiele fanden am 20./21. Februar, die Rückspiele am 6./7. März 2007 statt.

Celtic Glasgow – **AC Mailand**	0:0	0:1 n.V.
PSV Eindhoven – FC Arsenal	1:0	1:1
OSC Lille – **Manchester United**	0:1	0:1
Real Madrid – **FC Bayern München**	3:2	1:2
AS Rom – Olympique Lyon	0:0	2:0
FC Barcelona – **FC Liverpool**	1:2	1:0
FC Porto – **FC Chelsea**	1:1	1:2
Inter Mailand – **FC Valencia**	2:2	0:0

VIERTELFINALE

Die Hinspiele fanden am 3./4. April, die Rückspiele am 10./11. April 2007 statt.

AC Mailand – FC Bayern München	2:2	2:0
PSV Eindhoven – **FC Liverpool**	0:3	0:1
AS Rom – **Manchester United**	2:1	1:7
FC Chelsea – FC Valencia	1:1	2:1

HALBFINALE

Die Hinspiele fanden am 24./25. April, die Rückspiele am 1./2. Mai 2007 statt.

Manchester United – **AC Mailand**	3:2	0:3
FC Chelsea – **FC Liverpool**	1:0	0:1 n.V. 1:4 i. E.

FINALE

Das Finale fand am 23. Mai 2007 statt.

AC Mailand – FC Liverpool	2:1

QUALIFIKATION

1. Qualifikationsrunde

	Hin	Rück
FK Kairat Almaty – **FC Artmedia Bratislava**	2:0	1:4 n.V.
Neftçi Baku – FH Hafnarfjörour	2:0	2:1
FC Levadia Tallinn – **Dinamo Tiflis**	1:0	0:2
FK Dinamo Minsk – **Anorthosis Famagusta**	1:1	0:1
Rabotnicki Skopje – Skonto Riga	6:0	0:1
Sliema Wanderers – **Sheriff Tiraspol**	1:4	0:2
FC Haka – FC Pjunik Eriwan	1:0	2:2
F91 Dudelange – HSK Zrinjski Mostar	0:1	4:0 n.V.
HB Tórshavn – **FBK Kaunas**	2:4	0:4
ND Gorica – **KF Tirana**	2:0	0:3
Glentoran FC – **Shelbourne FC**	1:2	1:4
FC Liverpool – The New Saints FC	3:0	3:0

2. Qualifikationsrunde

	Hin	Rück
Dinamo Tiflis – **Brøndby IF**	0:2	1:3
Dynamo Kiew – **FC Thun**	2:2	0:1
Anorthosis Famagusta – Trabzonspor	3:1	0:1
RSC Anderlecht – Neftçi Baku	5:0	0:1
FBK Kaunas – **FC Liverpool**	1:3	0:2
Vålerenga IF – FC Haka	1:0	4:1
F91 Dudelange – **SK Rapid Wien**	1:6	2:3
FK Partizan Belgrad – Sheriff Tiraspol	1:0	1:0
FC Artmedia Bratislava – Celtic Glasgow	5:0	0:4
Rabotnicki Skopje – **Lokomotive Moskau**	1:1	0:2
Malmö FF – Maccabi Haifa	3:2	2:2
KF Tirana – **ZSKA Sofia**	0:2	0:2
Shelbourne FC – **Steaua Bukarest**	0:0	1:4
Debreceni VSC – Hajduk Split	3:0	5:0

3. Qualifikationsrunde

	Hin	Rück
Anorthosis Famagusta – **Glasgow Rangers**	1:2	0:2
Wista Krakau – **Panathinaikos Athen**	3:1	1:4
Vålerenga IF – **FC Brügge**	1:0	0:1 n.V. 3:4 i. E.
Manchester United – Debreceni VSC	3:0	3:0
FC Everton – **FC Villarreal**	1:2	1:2
Betis Sevilla – AS Monaco	1:0	2:2
Malmö FF – **FC Thun**	0:1	0:3
Brøndby IF – **Ajax Amsterdam**	2:2	1:3
FC Artmedia Bratislava – FK Partizan Belgrad	0:0	0:0 n.V. 4:3 i. E.
Schachtar Donezk – **Inter Mailand**	0:2	1:1
RSC Anderlecht – Slavia Prag	2:1	2:0
FC Basel – **Werder Bremen**	2:1	0:3
SK Rapid Wien – Lokomotive Moskau	1:1	1:0
ZSKA Sofia – **FC Liverpool**	1:3	1:0
Steaua Bukarest – **Rosenborg Trondheim**	1:1	2:3
Sporting Lissabon – **Udinese Calcio**	0:1	2:3

GRUPPENPHASE

Gruppe A

14. September 2005

SK Rapid Wien – FC Bayern München	0:1
FC Brügge – Juventus Turin	1:2

27. September 2005

Juventus Turin – SK Rapid Wien	3:0
FC Bayern München – FC Brügge	1:0

18. Oktober 2005

FC Bayern München – Juventus Turin	2:1
SK Rapid Wien – FC Brügge	0:1

2. November 2005

Juventus Turin – FC Bayern München	2:1
FC Brügge – SK Rapid Wien	3:2

22. November 2005

FC Bayern München – SK Rapid Wien	4:0
Juventus Turin – FC Brügge	1:0

7. Dezember 2005

SK Rapid Wien – Juventus Turin	1:3
FC Brügge – FC Bayern München	1:1

Team	Spiele	S	U	N	T	P
1. **Juventus Turin**	6	5	0	1	12:5	**15**
2. **FC Bayern München**	6	4	1	1	10:4	**13**
3. FC Brügge	6	2	1	3	6:7	**7**
4. SK Rapid Wien	6	0	0	6	3:15	**0**

Gruppe C

14. September 2005

Udinese Calcio – Panathinaikos Athen	3:0
Werder Bremen – FC Barcelona	0:2

27. September 2005

FC Barcelona – Udinese Calcio	4:1
Panathinaikos Athen – Werder Bremen	2:1

18. Oktober 2005

Panathinaikos Athen – FC Barcelona	0:0
Udinese Calcio – Werder Bremen	1:1

2. November 2005

FC Barcelona – Panathinaikos Athen	5:0
Werder Bremen – Udinese Calcio	4:3

22. November 2005

Panathinaikos Athen – Udinese Calcio	1:2
FC Barcelona – Werder Bremen	3:1

7. Dezember 2005

Udinese Calcio – FC Barcelona	0:2
Werder Bremen – Panathinaikos Athen	5:1

Team	Spiele	S	U	N	T	P
1. **FC Barcelona**	6	5	1	0	16:2	**16**
2. **Werder Bremen**	6	2	1	3	12:12	**7**
3. Udinese Calcio	6	2	1	3	10:12	**7**
4. Panathinaikos Athen	6	1	1	4	4:16	**4**

Gruppe B

14. September 2005

Sparta Prag – Ajax Amsterdam	1:1
FC Arsenal – FC Thun	2:1

27. September 2005

FC Thun – Sparta Prag	1:0
Ajax Amsterdam – FC Arsenal	1:2

18. Oktober 2005

Ajax Amsterdam – FC Thun	2:0
Sparta Prag – FC Arsenal	0:2

2. November 2005

FC Thun – Ajax Amsterdam	2:4
FC Arsenal – Sparta Prag	3:0

22. November 2005

Ajax Amsterdam – Sparta Prag	2:1
FC Thun – FC Arsenal	0:1

7. Dezember 2005

Sparta Prag – FC Thun	0:0
FC Arsenal – Ajax Amsterdam	0:0

Team	Spiele	S	U	N	T	P
1. **FC Arsenal**	6	5	1	0	10:2	**16**
2. **Ajax Amsterdam**	6	3	2	1	10:6	**11**
3. FC Thun	6	1	1	4	4:9	**4**
4. Sparta Prag	6	0	2	4	2:9	**2**

Gruppe D

14. September 2005

FC Villarreal – Manchester United	0:0
Benfica Lissabon – OSC Lille	1:0

27. September 2005

OSC Lille – FC Villarreal	0:0
Manchester United – Benfica Lissabon	2:1

18. Oktober 2005

Manchester United – OSC Lille	0:0
FC Villarreal – Benfica Lissabon	1:1

2. November 2005

OSC Lille – Manchester United	1:0
Benfica Lissabon – FC Villarreal	0:1

22. November 2005

Manchester United – FC Villarreal	0:0
OSC Lille – Benfica Lissabon	0:0

7. Dezember 2005

FC Villarreal – OSC Lille	1:0
Benfica Lissabon – Manchester United	2:1

Team	Spiele	S	U	N	T	P
1. **FC Villarreal**	6	2	4	0	3:1	**10**
2. **Benfica Lissabon**	6	2	2	2	5:5	**8**
3. OSC Lille	6	1	3	2	1:2	**6**
4. Manchester United	6	1	3	2	3:4	**6**

Gruppe E

13. September 2005

AC Mailand – Fenerbahçe Istanbul	3:1
PSV Eindhoven – FC Schalke 04	1:0

28. September 2005

FC Schalke 04 – AC Mailand	2:2
Fenerbahçe Istanbul – PSV Eindhoven	3:0

19. Oktober 2005

Fenerbahçe Istanbul – FC Schalke 04	3:3
AC Mailand – PSV Eindhoven	0:0

1. November 2005

FC Schalke 04 – Fenerbahçe Istanbul	2:0
PSV Eindhoven – AC Mailand	1:0

23. November 2005

Fenerbahçe Istanbul – AC Mailand	0:4
FC Schalke 04 – PSV Eindhoven	3:0

6. Dezember 2005

AC Mailand – FC Schalke 04	3:2
PSV Eindhoven – Fenerbahçe Istanbul	2:0

Team	Spiele	S	U	N	T	P
1. **AC Mailand**	6	3	2	1	12:6	11
2. **PSV Eindhoven**	6	3	1	2	4:6	10
3. FC Schalke 04	6	2	2	2	12:9	8
4. Fenerbahçe Istanbul	6	1	1	4	7:14	4

Gruppe G

13. September 2005

FC Chelsea – RSC Anderlecht	1:0
Betis Sevilla – FC Liverpool	1:2

28. September 2005

FC Liverpool – FC Chelsea	0:0
RSC Anderlecht – Betis Sevilla	0:1

19. Oktober 2005

RSC Anderlecht – FC Liverpool	0:1
FC Chelsea – Betis Sevilla	4:0

1. November 2005

FC Liverpool – RSC Anderlecht	3:0
Betis Sevilla – FC Chelsea	1:0

23. November 2005

RSC Anderlecht – FC Chelsea	0:2
FC Liverpool – Betis Sevilla	0:0

6. Dezember 2005

FC Chelsea – FC Liverpool	0:0
Betis Sevilla – RSC Anderlecht	0:1

Team	Spiele	S	U	N	T	P
1. **FC Liverpool**	6	3	3	0	6:1	12
2. **FC Chelsea**	6	3	2	1	7:1	11
3. Betis Sevilla	6	2	1	3	3:7	7
4. RSC Anderlecht	6	1	0	5	1:8	3

Gruppe F

13. September 2005

Olympique Lyon – Real Madrid	3:0
Olympiakos Piräus – Rosenborg Trondheim	1:3

28. September 2005

Rosenborg Trondheim – Olympique Lyon	0:1
Real Madrid – Olympiakos Piräus	2:1

19. Oktober 2005

Real Madrid – Rosenborg Trondheim	4:1
Olympique Lyon – Olympiakos Piräus	2:1

1. November 2005

Rosenborg Trondheim – Real Madrid	0:2
Olympiakos Piräus – Olympique Lyon	1:4

23. November 2005

Real Madrid – Olympique Lyon	1:1
Rosenborg Trondheim – Olympiakos Piräus	1:1

6. Dezember 2005

Olympique Lyon – Rosenborg Trondheim	2:1
Olympiakos Piräus – Real Madrid	2:1

Team	Spiele	S	U	N	T	P
1. **Olympique Lyon**	6	5	1	0	13:4	16
2. **Real Madrid**	6	3	1	2	10:8	10
3. Rosenborg Trondheim	6	1	1	4	6:11	4
4. Olympiakos Piräus	6	1	1	4	7:13	4

Gruppe H

13. September 2005

Glasgow Rangers – FC Porto	3:2
FC Artmedia Bratislava – Inter Mailand	0:1

28. September 2005

Inter Mailand – Glasgow Rangers	1:0
FC Porto – FC Artmedia Bratislava	2:3

19. Oktober 2005

FC Porto – Inter Mailand	2:0
Glasgow Rangers – FC Artmedia Bratislava	0:0

1. November 2005

Inter Mailand – FC Porto	2:1
FC Artmedia Bratislava – Glasgow Rangers	2:2

23. November 2005

FC Porto – Glasgow Rangers	1:1
Inter Mailand – FC Artmedia Bratislava	4:0

6. Dezember 2005

Glasgow Rangers – Inter Mailand	1:1
FC Artmedia Bratislava – FC Porto	0:0

Team	Spiele	S	U	N	T	P
1. **Inter Mailand**	6	4	1	1	9:4	13
2. **Glasgow Rangers**	6	1	4	1	7:7	7
3. FC Artmedia Bratislava	6	1	3	2	5:9	6
4. FC Porto	6	1	2	3	8:9	5

ACHTELFINALE

Die Hinspiele fanden am 21./22. Februar, die Rückspiele am 7./8. März 2006 statt.

Real Madrid – **FC Arsenal**	0:1	0:0
FC Bayern München – **AC Mailand**	1:1	1:4
PSV Eindhoven – **Olympique Lyon**	0:1	0:4
Benfica Lissabon – FC Liverpool	1:0	2:0
FC Chelsea – **FC Barcelona**	1:2	1:1
Werder Bremen – **Juventus Turin**	3:2	1:2
Ajax Amsterdam – **Inter Mailand**	2:2	0:1
Glasgow Rangers – **FC Villarreal**	2:2	1:1

VIERTELFINALE

Die Hinspiele fanden am 28./29. März, die Rückspiele am 4./5. April 2006 statt.

Benfica Lissabon – **FC Barcelona**	0:0	0:2
FC Arsenal – Juventus Turin	2:0	0:0
Inter Mailand – **FC Villarreal**	2:1	0:1
Olympique Lyon – **AC Mailand**	0:0	1:3

HALBFINALE

Die Hinspiele fanden am 18./19. April, die Rückspiele am 25./26. April 2006 statt.

AC Mailand – **FC Barcelona**	0:1	0:0
FC Arsenal – FC Villarreal	1:0	0:0

FINALE

Das Finale fand am 17. Mai 2006 statt.

FC Barcelona – FC Arsenal	2:1

QUALIFIKATION

1. Qualifikationsrunde

	Hin	Rück
Sliema Wanderers – **FBK Kaunas**	0:2	1:4
FK Pobeda Prilep – **FC Pjunik Eriwan**	1:3	1:1
NK Siroki Brijeg – **Neftçi Baku**	2:1	0:1
WIT Georgia Tiflis – HB Tórshavn	5:0	0:3
FC Gomel – **SK Tirana**	0:2	1:0
Skonto Riga – Rhyl FC	4:0	3:1
FC Flora Tallinn – **ND Gorica**	2:4	1:3
Sheriff Tiraspol – Jeunesse Esch	2:0	0:1
Linfield FC – **HJK Helsinki**	0:1	0:1
KR Reykjavík – **Shelbourne FC**	2:2	0:0

2. Qualifikationsrunde

	Hin	Rück
WIT Georgia Tiflis – **Wista Krakau**	2:8	0:3
Neftçi Baku – **ZSKA Moskau**	0:0	0:2
FC Pjunik Eriwan – **Schachtar Donezk**	1:3	0:1
HJK Helsinki – **Maccabi Tel Aviv**	0:0	0:1
SK Tirana – **Ferencváros Budapest**	2:3	1:0
ND Gorica – FC Kopenhagen	1:2	5:0
APOEL Nikosia – **Sparta Prag**	2:2	1:2
Skonto Riga – **Trabzonspor**	1:1	0:3
MSK Zilina – **Dinamo Bukarest**	0:1	0:1
BSC Young Boys – **Roter Stern Belgrad**	2:2	0:3
FC Brügge – Lokomotive Plowdiw	2:0	4:0
Hajduk Split – **Shelbourne FC**	3:2	0:2
Rosenborg Trondheim – Sheriff Tiraspol	2:1	2:0
Djurgårdens IF – FBK Kaunas	0:0	2:0

3. Qualifikationsrunde

	Hin	Rück
ZSKA Moskau – Glasgow Rangers	2:1	1:1
Dynamo Kiew – Trabzonspor	1:2	2:0
PAOK Thessaloniki – **Maccabi Tel Aviv**	0:3	0:1
Grazer AK – **FC Liverpool**	0:2	1:0
Juventus Turin – Djurgårdens IF	2:2	4:1
Benfica Lissabon – **RSC Anderlecht**	1:0	0:3
Schachtar Donezk – FC Brügge	4:1	2:2
Ferencváros Budapest – **Sparta Prag**	1:0	0:2 n.V.
Bayer 04 Leverkusen – FC Baník Ostrava	5:0	1:2
Roter Stern Belgrad – **PSV Eindhoven**	3:2	0:5
Rosenborg Trondheim – Maccabi Haifa	2:1	3:2 n.V.
Dinamo Bukarest – **Manchester United**	1:2	0:3
FC Basel – **Inter Mailand**	1:1	1:4
Shelbourne FC – **Deportivo La Coruña**	0:0	0:3
ND Gorica – **AS Monaco**	0:3	0:6
Wista Krakau – **Real Madrid**	0:2	1:3

GRUPPENPHASE

Gruppe A

15. September 2004

FC Liverpool – AS Monaco	2:0
Deportivo La Coruña – Olympiakos Piräus	0:0

28. September 2004

Olympiakos Piräus – FC Liverpool	1:0
AS Monaco – Deportivo La Coruña	2:0

19. Oktober 2004

AS Monaco – Olympiakos Piräus	2:1
FC Liverpool – Deportivo La Coruña	0:0

3. November 2004

Olympiakos Piräus – AS Monaco	1:0
Deportivo La Coruña – FC Liverpool	0:1

23. November 2004

AS Monaco – FC Liverpool	1:0
Olympiakos Piräus – Deportivo La Coruña	1:0

8. Dezember 2004

FC Liverpool – Olympiakos Piräus	3:1
Deportivo La Coruña – AS Monaco	0:5

Team	Spiele	S	U	N	T	P
1. **AS Monaco**	6	4	0	2	10:4	**12**
2. **FC Liverpool**	6	3	1	2	6:3	**10**
3. Olympiakos Piräus	6	3	1	2	5:5	**10**
4. Deportivo La Coruña	6	0	2	4	0:9	**2**

Gruppe C

15. September 2004

Ajax Amsterdam – Juventus Turin	0:1
Maccabi Tel Aviv – FC Bayern München	0:1

28. September 2004

FC Bayern München – Ajax Amsterdam	4:0
Juventus Turin – Maccabi Tel Aviv	1:0

19. Oktober 2004

Juventus Turin – FC Bayern München	1:0
Ajax Amsterdam – Maccabi Tel Aviv	2:1

3. November 2004

FC Bayern München – Juventus Turin	0:1
Maccabi Tel Aviv – Ajax Amsterdam	2:1

23. November 2004

Juventus Turin – Ajax Amsterdam	1:0
FC Bayern München – Maccabi Tel Aviv	5:1

8. Dezember 2004

Ajax Amsterdam – FC Bayern München	2:2
Maccabi Tel Aviv – Juventus Turin	1:1

Team	Spiele	S	U	N	T	P
1. **Juventus Turin**	6	5	1	0	6:1	**16**
2. **FC Bayern München**	6	3	1	2	12:5	**10**
3. Ajax Amsterdam	6	1	1	4	6:10	**4**
4. Maccabi Tel Aviv	6	1	1	4	4:12	**4**

Gruppe B

15. September 2004

Bayer 04 Leverkusen – Real Madrid	3:0
AS Rom – Dynamo Kiew	0:3

28. September 2004

Dynamo Kiew – Bayer 04 Leverkusen	4:2
Real Madrid – AS Rom	4:2

19. Oktober 2004

Real Madrid – Dynamo Kiew	1:0
Bayer 04 Leverkusen – AS Rom	3:1

3. November 2004

Dynamo Kiew – Real Madrid	2:2
AS Rom – Bayer 04 Leverkusen	1:1

23. November 2004

Real Madrid – Bayer 04 Leverkusen	1:1
Dynamo Kiew – AS Rom	2:0

8. Dezember 2004

Bayer 04 Leverkusen – Dynamo Kiew	3:0
AS Rom – Real Madrid	0:3

Team	Spiele	S	U	N	T	P
1. **Bayer 04 Leverkusen**	6	3	2	1	13:7	**11**
2. **Real Madrid**	6	3	2	1	11:8	**11**
3. Dynamo Kiew	6	3	1	2	11:8	**10**
4. AS Rom	6	0	1	5	4:16	**1**

Gruppe D

15. September 2004

Fenerbahçe Istanbul – Sparta Prag	1:0
Olympique Lyon – Manchester United	2:2

28. September 2004

Manchester United – Fenerbahçe Istanbul	6:2
Sparta Prag – Olympique Lyon	1:2

19. Oktober 2004

Sparta Prag – Manchester United	0:0
Fenerbahçe Istanbul – Olympique Lyon	1:3

3. November 2004

Manchester United – Sparta Prag	4:1
Olympique Lyon – Fenerbahçe Istanbul	4:2

23. November 2004

Sparta Prag – Fenerbahçe Istanbul	0:1
Manchester United – Olympique Lyon	2:1

8. Dezember 2004

Fenerbahçe Istanbul – Manchester United	3:0
Olympique Lyon – Sparta Prag	5:0

Team	Spiele	S	U	N	T	P
1. **Olympique Lyon**	6	4	1	1	17:8	**13**
2. **Manchester United**	6	3	2	1	14:9	**11**
3. Fenerbahçe Istanbul	6	3	0	3	10:13	**9**
4. Sparta Prag	6	0	1	5	2:13	**1**

Gruppe E

14. September 2004

Panathinaikos Athen – Rosenborg Trondheim	2:1
FC Arsenal – PSV Eindhoven	1:0

29. September 2004

PSV Eindhoven – Panathinaikos Athen	1:0
Rosenborg Trondheim – FC Arsenal	1:1

20. Oktober 2004

Rosenborg Trondheim – PSV Eindhoven	1:2
Panathinaikos Athen – FC Arsenal	2:2

2. November 2004

PSV Eindhoven – Rosenborg Trondheim	1:0
FC Arsenal – Panathinaikos Athen	1:1

24. November 2004

Rosenborg Trondheim – Panathinaikos Athen	2:2
PSV Eindhoven – FC Arsenal	1:1

7. Dezember 2004

Panathinaikos Athen – PSV Eindhoven	4:1
FC Arsenal – Rosenborg Trondheim	5:1

Team	Spiele	S	U	N	T	P
1. **FC Arsenal**	6	2	4	0	11:6	**10**
2. **PSV Eindhoven**	6	3	1	2	6:7	**10**
3. Panathinaikos Athen	6	2	3	1	11:8	9
4. Rosenborg Trondheim	6	0	2	4	6:13	2

Gruppe G

14. September 2004

FC Valencia – RSC Anderlecht	2:0
Inter Mailand – Werder Bremen	2:0

29. September 2004

Werder Bremen – FC Valencia	2:1
RSC Anderlecht – Inter Mailand	1:3

20. Oktober 2004

RSC Anderlecht – Werder Bremen	1:2
FC Valencia – Inter Mailand	1:5

2. November 2004

Werder Bremen – RSC Anderlecht	5:1
Inter Mailand – FC Valencia	0:0

24. November 2004

RSC Anderlecht – FC Valencia	1:2
Werder Bremen – Inter Mailand	1:1

7. Dezember 2004

FC Valencia – Werder Bremen	0:2
Inter Mailand – RSC Anderlecht	3:0

Team	Spiele	S	U	N	T	P
1. **Inter Mailand**	6	4	2	0	14:3	**14**
2. **Werder Bremen**	6	4	1	1	12:6	**13**
3. FC Valencia	6	2	1	3	6:10	7
4. RSC Anderlecht	6	0	0	6	4:17	0

Gruppe F

14. September 2004

Schachtar Donezk – AC Mailand	0:1
Celtic Glasgow – FC Barcelona	1:3

29. September 2004

FC Barcelona – Schachtar Donezk	3:0
AC Mailand – Celtic Glasgow	3:1

20. Oktober 2004

AC Mailand – FC Barcelona	1:0
Schachtar Donezk – Celtic Glasgow	3:0

2. November 2004

FC Barcelona – AC Mailand	2:1
Celtic Glasgow – Schachtar Donezk	1:0

24. November 2004

AC Mailand – Schachtar Donezk	4:0
FC Barcelona – Celtic Glasgow	1:1

7. Dezember 2004

Schachtar Donezk – FC Barcelona	2:0
Celtic Glasgow – AC Mailand	0:0

Team	Spiele	S	U	N	T	P
1. **AC Mailand**	6	4	1	1	10:3	**13**
2. **FC Barcelona**	6	3	1	2	9:6	**10**
3. Schachtar Donezk	6	2	0	4	5:9	6
4. Celtic Glasgow	6	1	2	3	4:10	5

Gruppe H

14. September 2004

Paris Saint-Germain – FC Chelsea	0:3
FC Porto – ZSKA Moskau	0:0

29. September 2004

ZSKA Moskau – Paris Saint-Germain	2:0
FC Chelsea – FC Porto	3:1

20. Oktober 2004

FC Chelsea – ZSKA Moskau	2:0
Paris Saint-Germain – FC Porto	2:0

2. November 2004

ZSKA Moskau – FC Chelsea	0:1
FC Porto – Paris Saint-Germain	0:0

24. November 2004

ZSKA Moskau – FC Porto	0:1
FC Chelsea – Paris Saint-Germain	0:0

7. Dezember 2004

Paris Saint-Germain – ZSKA Moskau	1:3
FC Porto – FC Chelsea	2:1

Team	Spiele	S	U	N	T	P
1. **FC Chelsea**	6	4	1	1	10:3	**13**
2. **FC Porto**	6	2	2	2	4:6	**8**
3. ZSKA Moskau	6	2	1	3	5:5	7
4. Paris Saint-Germain	6	1	2	3	3:8	5

ACHTELFINALE

Die Hinspiele fanden am 22./23. Februar, die Rückspiele am 8./9. März 2005 statt.

Real Madrid – **Juventus Turin**	1:0	0:2 n.V.
FC Liverpool – Bayer 04 Leverkusen	3:1	3:1
PSV Eindhoven – AS Monaco	1:0	2:0
FC Bayern München – FC Arsenal	3:1	0:1
FC Porto – **Inter Mailand**	1:1	1:3
FC Barcelona – **FC Chelsea**	2:1	2:4
Manchester United – **AC Mailand**	0:1	0:1
Werder Bremen – **Olympique Lyon**	0:3	2:7

VIERTELFINALE

Die Hinspiele fanden am 5./6. April, die Rückspiele am 12./13. April 2005 statt.

FC Liverpool – Juventus Turin	2:1	0:0
Olympique Lyon – **PSV Eindhoven**	1:1	1:1 n.V. 2:4 i. E.
AC Mailand – Inter Mailand[1]	2:0	3:0
FC Chelsea – FC Bayern München	4:2	2:3

1 Das Spiel wurde in Folge von Ausschreitungen beim Stand von 1:0 für den AC Mailand abgebrochen. Die UEFA wertete das Spiel mit 3:0.

HALBFINALE

Die Hinspiele fanden am 26./27. April, die Rückspiele am 3./4. Mai 2005 statt.

AC Mailand – PSV Eindhoven	2:0	1:3
FC Chelsea – **FC Liverpool**	0:0	0:1

FINALE

Das Finale fand am 25. Mai 2005 statt.

AC Mailand – FC Liverpool 3:3 n.V.
(3:3, 3:0), 2:3 i. E.

QUALIFIKATION

1. Qualifikationsrunde

	Hin	Rück
BATE Baryssau – **Bohemians Dublin**	1:0	0:3
Dinamo Tiflis – **SK Tirana**	3:0	0:3 n.V. 2:4 i. E.
FC Pjunik Eriwan – KR Reykjavík	1:0	1:1
Sliema Wanderers – Skonto Riga	2:0	1:3
Sheriff Tiraspol – FC Flora Tallinn	1:0	1:1
Omonia Nikosia – Irtysch Pawlodar	0:0	2:1
HB Tórshavn – **FBK Kaunas**	0:1	1:4
Vardar Skopje – Barry Town	3:0	1:2
CS Grevenmacher – **FK Leotar Trebinje**	0:0	0:2
Glentoran FC – **HJK Helsinki**	0:0	0:1

2. Qualifikationsrunde

	Hin	Rück
FC Pjunik Eriwan – **ZSKA Sofia**	0:2	0:1
FK Leotar Trebinje – **Slavia Prag**	1:2	0:2
ZSKA Moskau – **Vardar Skopje**	1:2	1:1
SK Tirana – **Grazer AK**	1:5	1:2
Sheriff Tiraspol – **Schachtar Donezk**	0:0	0:2
Wista Krakau – Omonia Nikosia	5:2	2:2
MTK Hungária FC – HJK Helsinki	3:1	0:1
FBK Kaunas – **Celtic Glasgow**	0:4	0:1
Rapid Bukarest – **RSC Anderlecht**	0:0	2:3
FK Partizan Belgrad – Djurgårdens IF	1:1	2:2
FC Kopenhagen – Sliema Wanderers	4:1	6:0
MSK Zilina – Maccabi Tel Aviv	1:0	1:1
NK Maribor – **Dinamo Zagreb**	1:1	1:2
Bohemians Dublin – **Rosenborg Trondheim**	0:1	0:4

3. Qualifikationsrunde

	Hin	Rück
Dynamo Kiew – Dinamo Zagreb	3:1	2:0
Grazer AK – **Ajax Amsterdam**	1:1	1:2
Celta Vigo – Slavia Prag	3:0	0:2
Schachtar Donezk – **Lokomotive Moskau**	1:0	1:3
Vardar Skopje – **Sparta Prag**	2:3	2:2
Galatasaray Istanbul – ZSKA Sofia	3:0	3:0
MTK Hungária FC – **Celtic Glasgow**	0:4	0:1
MSK Zilina – **FC Chelsea**	0:2	0:3
FK Austria Wien – **Olympique Marseille**	0:1	0:0
FC Brügge – Borussia Dortmund	2:1	1:2 n.V. 4:2 i. E.
Grasshopper-Club Zürich – **AEK Athen**	1:0	1:3
FK Partizan Belgrad – Newcastle United	1:0	0:1 n.V. 4:3 i. E.
RSC Anderlecht – Wista Krakau	3:1	1:0
Glasgow Rangers – FC Kopenhagen	1:1	2:1
Rosenborg Trondheim – **Deportivo La Coruña**	0:0	0:1
Lazio Rom – Benfica Lissabon	3:1	1:0

GRUPPENPHASE

Gruppe A

17. September 2003	
Olympique Lyon – RSC Anderlecht	1:0
FC Bayern München – Celtic Glasgow	2:1
30. September 2003	
Celtic Glasgow – Olympique Lyon	2:0
RSC Anderlecht – FC Bayern München	1:1
21. Oktober 2003	
RSC Anderlecht – Celtic Glasgow	1:0
Olympique Lyon – FC Bayern München	1:1
5. November 2003	
Celtic Glasgow – RSC Anderlecht	3:1
FC Bayern München – Olympique Lyon	1:2
25. November 2003	
RSC Anderlecht – Olympique Lyon	1:0
Celtic Glasgow – FC Bayern München	0:0
10. Dezember 2003	
Olympique Lyon – Celtic Glasgow	3:1
FC Bayern München – RSC Anderlecht	1:0

Team	Spiele	S	U	N	T	P
1. **Olympique Lyon**	6	3	1	2	7:7	**10**
2. **FC Bayern München**	6	2	3	1	6:5	**9**
3. Celtic Glasgow	6	2	1	3	8:7	7
4. RSC Anderlecht	6	2	1	3	4:6	7

Gruppe B

17. September 2003	
Dynamo Kiew – Lokomotive Moskau	2:0
FC Arsenal – Inter Mailand	0:3
30. September 2003	
Lokomotive Moskau – FC Arsenal	0:0
Inter Mailand – Dynamo Kiew	2:1
21. Oktober 2003	
Lokomotive Moskau – Inter Mailand	3:0
Dynamo Kiew – FC Arsenal	2:1
5. November 2003	
Inter Mailand – Lokomotive Moskau	1:1
FC Arsenal – Dynamo Kiew	1:0
25. November 2003	
Lokomotive Moskau – Dynamo Kiew	3:2
Inter Mailand – FC Arsenal	1:5
10. Dezember 2003	
Dynamo Kiew – Inter Mailand	1:1
FC Arsenal – Lokomotive Moskau	2:0

Team	Spiele	S	U	N	T	P
1. **FC Arsenal**	6	3	1	2	9:6	**10**
2. **Lokomotive Moskau**	6	2	2	2	7:7	**8**
3. Inter Mailand	6	2	2	2	8:11	8
4. Dynamo Kiew	6	2	1	3	8:8	7

Gruppe C

17. September 2003	
AEK Athen – Deportivo La Coruña	1:1
PSV Eindhoven – AS Monaco	1:2
30. September 2003	
AS Monaco – AEK Athen	4:0
Deportivo La Coruña – PSV Eindhoven	2:0
21. Oktober 2003	
Deportivo La Coruña – AS Monaco	1:0
AEK Athen – PSV Eindhoven	0:1
5. November 2003	
AS Monaco – Deportivo La Coruña	8:3
PSV Eindhoven – AEK Athen	2:0
25. November 2003	
Deportivo La Coruña – AEK Athen	3:0
AS Monaco – PSV Eindhoven	1:1
10. Dezember 2003	
AEK Athen – AS Monaco	0:0
PSV Eindhoven – Deportivo La Coruña	3:2

Team	Spiele	S	U	N	T	P
1. **AS Monaco**	6	3	2	1	15:6	**11**
2. **Deportivo La Coruña**	6	3	1	2	12:12	**10**
3. PSV Eindhoven	6	3	1	2	8:7	10
4. AEK Athen	6	0	2	4	1:11	2

Gruppe D

17. September 2003	
Juventus Turin – Galatasaray Istanbul	2:1
Real S. San Sebastián – Olympiakos Piräus	1:0
30. September 2003	
Olympiakos Piräus – Juventus Turin	1:2
Galatasaray Istanbul – Real S. San Sebastián	1:2
21. Oktober 2003	
Galatasaray Istanbul – Olympiakos Piräus	1:0
Juventus Turin – Real S. San Sebastián	4:2
5. November 2003	
Olympiakos Piräus – Galatasaray Istanbul	3:0
Real S. San Sebastián – Juventus Turin	0:0
25. November 2003	
Olympiakos Piräus – Real S. San Sebastián	2:2
2. Dezember 2003	
Galatasaray Istanbul – Juventus Turin	2:0
10. Dezember 2003	
Juventus Turin – Olympiakos Piräus	7:0
Real S. San Sebastián – Galatasaray Istanbul	1:1

Team	Spiele	S	U	N	T	P
1. **Juventus Turin**	6	4	1	1	15:6	**13**
2. **Real S. San Sebastián**	6	2	3	1	8:8	**9**
3. Galatasaray Istanbul	6	2	1	3	6:8	7
4. Olympiakos Piräus	6	1	1	4	6:13	4

Gruppe E

16. September 2003

Glasgow Rangers – VfB Stuttgart	2:1
Manchester United – Panathinaikos Athen	5:0

1. Oktober 2003

Panathinaikos Athen – Glasgow Rangers	1:1
VfB Stuttgart – Manchester United	2:1

22. Oktober 2003

VfB Stuttgart – Panathinaikos Athen	2:0
Glasgow Rangers – Manchester United	0:1

4. November 2003

Panathinaikos Athen – VfB Stuttgart	1:3
Manchester United – Glasgow Rangers	3:0

26. November 2003

VfB Stuttgart – Glasgow Rangers	1:0
Panathinaikos Athen – Manchester United	0:1

9. Dezember 2003

Glasgow Rangers – Panathinaikos Athen	1:3
Manchester United – VfB Stuttgart	2:0

Team	Spiele	S	U	N	T	P
1. **Manchester United**	6	5	0	1	13:2	**15**
2. **VfB Stuttgart**	6	4	0	2	9:6	**12**
3. Panathinaikos Athen	6	1	1	4	5:13	4
4. Glasgow Rangers	6	1	1	4	4:10	4

Gruppe F

16. September 2003

Real Madrid – Olympique Marseille	4:2
FK Partizan Belgrad – FC Porto	1:1

1. Oktober 2003

FC Porto – Real Madrid	1:3
Olympique Marseille – FK Partizan Belgrad	3:0

22. Oktober 2003

Olympique Marseille – FC Porto	2:3
Real Madrid – FK Partizan Belgrad	1:0

4. November 2003

FC Porto – Olympique Marseille	1:0
FK Partizan Belgrad – Real Madrid	0:0

26. November 2003

Olympique Marseille – Real Madrid	1:2
FC Porto – FK Partizan Belgrad	2:1

9. Dezember 2003

Real Madrid – FC Porto	1:1
FK Partizan Belgrad – Olympique Marseille	1:1

Team	Spiele	S	U	N	T	P
1. **Real Madrid**	6	4	2	0	11:5	**14**
2. **FC Porto**	6	3	2	1	9:8	**11**
3. Olympique Marseille	6	1	1	4	9:11	4
4. FK Partizan Belgrad	6	0	3	3	3:8	3

Gruppe G

16. September 2003

Sparta Prag – FC Chelsea	0:1
Beşiktaş Istanbul – Lazio Rom	0:2

1. Oktober 2003

Lazio Rom – Sparta Prag	2:2
FC Chelsea – Beşiktaş Istanbul	0:2

22. Oktober 2003

FC Chelsea – Lazio Rom	2:1
Sparta Prag – Beşiktaş Istanbul	2:1

4. November 2003

Lazio Rom – FC Chelsea	0:4
Beşiktaş Istanbul – Sparta Prag	1:0

26. November 2003

FC Chelsea – Sparta Prag	0:0
Lazio Rom – Beşiktaş Istanbul	1:1

9. Dezember 2003

Sparta Prag – Lazio Rom	1:0
Beşiktaş Istanbul – FC Chelsea	0:2

Team	Spiele	S	U	N	T	P
1. **FC Chelsea**	6	4	1	1	9:3	**13**
2. **Sparta Prag**	6	2	2	2	5:5	8
3. Beşiktaş Istanbul	6	2	1	3	5:7	7
4. Lazio Rom	6	1	2	3	6:10	5

Gruppe H

16. September 2003

AC Mailand – Ajax Amsterdam	1:0
FC Brügge – Celta Vigo	1:1

1. Oktober 2003

Celta Vigo – AC Mailand	0:0
Ajax Amsterdam – FC Brügge	2:0

22. Oktober 2003

Ajax Amsterdam – Celta Vigo	1:0
AC Mailand – FC Brügge	0:1

4. November 2003

Celta Vigo – Ajax Amsterdam	3:2
FC Brügge – AC Mailand	0:1

26. November 2003

Ajax Amsterdam – AC Mailand	0:1
Celta Vigo – FC Brügge	1:1

9. Dezember 2003

AC Mailand – Celta Vigo	1:2
FC Brügge – Ajax Amsterdam	2:1

Team	Spiele	S	U	N	T	P
1. **AC Mailand**	6	3	1	2	4:3	**10**
2. **Celta Vigo**	6	2	3	1	7:6	9
3. FC Brügge	6	2	2	2	5:6	8
4. Ajax Amsterdam	6	2	0	4	6:7	6

ACHTELFINALE

Die Hinspiele fanden am 24./25. Februar, die Rückspiele am 9./10. März 2004 statt.

Lokomotive Moskau – **AS Monaco**	2:1	0:1
Celta Vigo – **FC Arsenal**	2:3	0:2
FC Bayern München – **Real Madrid**	1:1	0:1
Sparta Prag – **AC Mailand**	0:0	1:4
VfB Stuttgart – **FC Chelsea**	0:0	0:1
FC Porto – Manchester United	2:1	1:1
Real S. San Sebastián – **Olympique Lyon**	0:1	0:1
Deportivo La Coruña – Juventus Turin	1:0	1:0

VIERTELFINALE

Die Hinspiele fanden am 23./24. März, die Rückspiele am 6./7. April 2004 statt.

FC Porto – Olympique Lyon	2:0	2:2
AC Mailand – **Deportivo La Coruña**	4:1	0:4
Real Madrid – **AS Monaco**	4:2	1:3
FC Chelsea – FC Arsenal	1:1	2:1

HALBFINALE

Die Hinspiele fanden am 26./27. April, die Rückspiele am 3./4. Mai 2004 statt.

AS Monaco – FC Chelsea	3:1	2:2
FC Porto – Deportivo La Coruña	0:0	1:0

FINALE

Das Finale fand am 26. Mai 2004 statt.

AS Monaco – FC Porto	0:3

QUALIFIKATION

1. Qualifikationsrunde

	Hin	Rück
Torpedo Kutaissi – B36 Tórshavn	5:2	1:0
FBK Kaunas – **KS Dinamo Tirana**	2:3	0:0
Tampere United – **FC Pjunik Eriwan**	0:4	0:2
Skonto Riga – Barry Town	5:0	1:0
Hibernians Paola – Shelbourne FC	2:2	1:0
Sheriff Tiraspol – Kazakhstan Zhenis Astana	2:1	2:3
F91 Dudelange – **Vardar Skopje**	1:1	0:3
FK Zeljeznicar Sarajevo – ÍA Akranes	3:0	1:0
FC Portadown Ulster – **Belschyna Babrujsk**	0:0	2:3
FC Flora Tallinn – **APOEL Nikosia**	0:0	0:1

2. Qualifikationsrunde

	Hin	Rück
Sparta Prag – Torpedo Kutaissi	3:0	2:1
Skonto Riga – **Lewski Sofia**	0:0	0:2
MSK Zilina – **FC Basel**	1:1	0:3
Dynamo Kiew – FC Pjunik Eriwan	4:0	2:2
Maccabi Haifa – Belschyna Babrujsk	4:0[1]	1:0
Lillestrøm SK – **FK Zeljeznicar Sarajevo**	0:1	0:1
Hammarby IF Flagge – **FK Partizan Belgrad**	1:1	0:4
Sheriff Tiraspol – **Grazer AK**	1:4	0:2
FC Brügge – Dinamo Bukarest	3:1	1:0
Vardar Skopje – **Legia Warschau**	1:3	1:1
Brøndby IF – KS Dinamo Tirana	1:0	4:0
NK Maribor – **APOEL Nikosia**	2:1	2:4
Zalaegerszegi TE FC – NK Zagreb	1:0	1:2
Boavista Porto – Hibernians Paola	4:0	3:3

1 Das Spiel wurde im GSP-Stadion in Nikosia, Zypern, ausgetragen, nachdem die UEFA die Durchführung internationaler Spiele in Israel verboten hatte.

3. Qualifikationsrunde

	Hin	Rück
Maccabi Haifa – SK Sturm Graz	2:0[2]	3:3
APOEL Nikosia – **AEK Athen**	2:3	0:1
KRC Genk – Sparta Prag	2:0	2:4
Feyenoord Rotterdam – Fenerbahçe Istanbul	1:0	2:0
Boavista Porto – **AJ Auxerre**	0:1	0:0
Schachtar Donezk – **FC Brügge**	1:1	1:1 n.V. 1:4 i. E.
Lewski Sofia – **Dynamo Kiew**	0:1	0:1
FK Zljeznicar Sarajevo – **Newcastle United**	0:1	0:4
AC Mailand – Slovan Liberec	1:0	1:2
FK Partizan Belgrad – **FC Bayern München**	0:3	1:3
Grazer AK Flagge – **Lokomotive Moskau**	0:2	3:3
Rosenborg Trondheim – Brøndby IF	1:0	3:2
Celtic Glasgow – **FC Basel**	3:1	0:2
Zalaegerszegi TE FC – **Manchester United**	1:0	0:5
FC Barcelona – Legia Warschau	3:0	1:0
Sporting Lissabon – **Inter Mailand**	0:0	0:2

2 Das Spiel wurde in Sofia, Bulgarien, ausgetragen, nachdem die UEFA die Durchführung internationaler Spiele in Israel verboten hatte.

1. GRUPPENPHASE

Gruppe A

17. September 2002	
AJ Auxerre – PSV Eindhoven	0:0
FC Arsenal – Borussia Dortmund	2:0
25. September 2002	
Borussia Dortmund – AJ Auxerre	2:1
PSV Eindhoven – FC Arsenal	0:4
2. Oktober 2002	
PSV Eindhoven – Borussia Dortmund	1:3
AJ Auxerre – FC Arsenal	0:1
22. Oktober 2002	
Borussia Dortmund – PSV Eindhoven	1:1
FC Arsenal – AJ Auxerre	1:2
30. Oktober 2002	
PSV Eindhoven – AJ Auxerre	3:0
Borussia Dortmund – FC Arsenal	2:1
12. November 2002	
AJ Auxerre – Borussia Dortmund	1:0
FC Arsenal – PSV Eindhoven	0:0

Team	Spiele	S	U	N	T	P
1. **FC Arsenal**	6	3	1	2	9:4	**10**
2. **Borussia Dortmund**	6	3	1	2	8:7	**10**
3. AJ Auxerre	6	2	1	3	4:7	7
4. PSV Eindhoven	6	1	3	2	5:8	6

Gruppe C

17. September 2002	
KRC Genk – AEK Athen	0:0
AS Rom – Real Madrid	0:3
25. September 2002	
Real Madrid – KRC Genk	6:0
AEK Athen – AS Rom	0:0
2. Oktober 2002	
AEK Athen – Real Madrid	3:3
KRC Genk – AS Rom	0:1
22. Oktober 2002	
Real Madrid – AEK Athen	2:2
AS Rom – KRC Genk	0:0
30. Oktober 2002	
AEK Athen – KRC Genk	1:1
Real Madrid – AS Rom	0:1
12. November 2002	
KRC Genk – Real Madrid	1:1
AS Rom – AEK Athen	1:1

Team	Spiele	S	U	N	T	P
1. **Real Madrid**	6	2	3	1	15:7	9
2. **AS Rom**	6	2	3	1	3:4	9
3. AEK Athen	6	0	6	0	7:7	6
4. KRC Genk	6	0	4	2	2:9	4

Gruppe B

17. September 2002	
FC Valencia – FC Liverpool	2:0
FC Basel – Spartak Moskau	2:0
25. September 2002	
Spartak Moskau – FC Valencia	2:0
FC Liverpool – FC Basel	1:1
2. Oktober 2002	
FC Liverpool – Spartak Moskau	5:0
FC Valencia – FC Basel	6:2
22. Oktober 2002	
Spartak Moskau – FC Liverpool	1:3
FC Basel – FC Valencia	1:3
30. Oktober 2002	
FC Liverpool – FC Valencia	0:1
5. November 2002	
Spartak Moskau – FC Basel	0:1
12. November 2002	
FC Valencia – Spartak Moskau	3:0
FC Basel – FC Liverpool	3:3

Team	Spiele	S	U	N	T	P
1. **FC Valencia**	6	5	1	0	17:4	**16**
2. **FC Basel**	6	2	3	1	12:12	9
3. FC Liverpool	6	2	2	2	12:8	8
4. Spartak Moskau	6	0	0	6	1:18	0

Gruppe D

17. September 2002	
Rosenborg Trondheim – Inter Mailand	2:2
Ajax Amsterdam – Olympique Lyon	2:1
25. September 2002	
Olympique Lyon – Rosenborg Trondheim	5:0
Inter Mailand – Ajax Amsterdam	1:0
2. Oktober 2002	
Inter Mailand – Olympique Lyon	1:2
Rosenborg Trondheim – Ajax Amsterdam	0:0
22. Oktober 2002	
Olympique Lyon – Inter Mailand	3:3
Ajax Amsterdam – Rosenborg Trondheim	1:1
30. Oktober 2002	
Inter Mailand – Rosenborg Trondheim	3:0
Olympique Lyon – Ajax Amsterdam	0:2
12. November 2002	
Rosenborg Trondheim – Olympique Lyon	1:1
Ajax Amsterdam – Inter Mailand	1:2

Team	Spiele	S	U	N	T	P
1. **Inter Mailand**	6	3	2	1	12:8	**11**
2. **Ajax Amsterdam**	6	2	2	2	6:5	8
3. Olympique Lyon	6	2	2	2	12:9	8
4. Rosenborg Trondheim	6	0	4	2	4:12	4

Gruppe E

18. September 2002
Feyenoord Rotterdam – Juventus Turin 1:1
Dynamo Kiew – Newcastle United 2:0

24. September 2002
Newcastle United – Feyenoord Rotterdam 0:1
Juventus Turin – Dynamo Kiew 5:0

1. Oktober 2002
Juventus Turin – Newcastle United 2:0
Feyenoord Rotterdam – Dynamo Kiew 0:0

23. Oktober 2002
Newcastle United – Juventus Turin 1:0
Dynamo Kiew – Feyenoord Rotterdam 2:0

29. Oktober 2002
Juventus Turin – Feyenoord Rotterdam 2:0
Newcastle United – Dynamo Kiew 2:1

13. November 2002
Feyenoord Rotterdam – Newcastle United 2:3
Dynamo Kiew – Juventus Turin 1:2

Team	Spiele	S	U	N	T	P
1. **Juventus Turin**	6	4	1	1	12:3	**13**
2. **Newcastle United**	6	3	0	3	6:8	9
3. Dynamo Kiew	6	2	1	3	6:9	7
4. Feyenoord Rotterdam	6	1	2	3	4:8	5

Gruppe F

18. September 2002
Manchester United – Maccabi Haifa 5:2
Olympiakos Piräus – Bayer 04 Leverkusen 6:2

24. September 2002
Bayer 04 Leverkusen – Manchester United 1:2
Maccabi Haifa* – Olympiakos Piräus 3:0

1. Oktober 2002
Maccabi Haifa* – Bayer 04 Leverkusen 0:2
Manchester United – Olympiakos Piräus 4:0

23. Oktober 2002
Bayer 04 Leverkusen – Maccabi Haifa 2:1
Olympiakos Piräus – Manchester United 2:3

29. Oktober 2002
Maccabi Haifa* – Manchester United 3:0
Bayer 04 Leverkusen – Olympiakos Piräus 2:0

13. November 2002
Manchester United – Bayer 04 Leverkusen 2:0
Olympiakos Piräus – Maccabi Haifa 3:3

*Alle Heimspiele wurden im GSP-Stadion in Nikosia, Zypern, ausgetragen, weil die UEFA internationale Fußballspiele in Israel untersagte.

Team	Spiele	S	U	N	T	P
1. **Manchester United**	6	5	0	1	16:8	**15**
2. **Bayer 04 Leverkusen**	6	3	0	3	9:11	9
3. Maccabi Haifa	6	2	1	3	12:12	7
4. Olympiakos Piräus	6	1	1	4	11:17	4

Gruppe G

18. September 2002
FC Bayern München – Deportivo La Coruña 2:3
AC Mailand – RC Lens 2:1

24. September 2002
RC Lens – FC Bayern München 1:1
Deportivo La Coruña – AC Mailand 0:4

1. Oktober 2002
Deportivo La Coruña – RC Lens 3:1
FC Bayern München – AC Mailand 1:2

23. Oktober 2002
RC Lens – Deportivo La Coruña 3:1
AC Mailand – FC Bayern München 2:1

29. Oktober 2002
Deportivo La Coruña – FC Bayern München 2:1
RC Lens – AC Mailand 2:1

13. November 2002
FC Bayern München – RC Lens 3:3
AC Mailand – Deportivo La Coruña 1:2

Team	Spiele	S	U	N	T	P
1. **AC Mailand**	6	4	0	2	12:7	**12**
2. **Deportivo La Coruña**	6	4	0	2	11:12	**12**
3. RC Lens	6	2	2	2	11:11	8
4. FC Bayern München	6	0	2	4	9:13	2

Gruppe H

18. September 2002
Lokomotive Moskau – Galatasaray Istanbul 0:2
FC Barcelona – FC Brügge 3:2

24. September 2002
FC Brügge – Lokomotive Moskau 0:0
Galatasaray Istanbul – FC Barcelona 0:2

1. Oktober 2002
Lokomotive Moskau – FC Barcelona 1:3
Galatasaray Istanbul – FC Brügge 0:0

23. Oktober 2002
FC Barcelona – Lokomotive Moskau 1:0
FC Brügge – Galatasaray Istanbul 3:1

29. Oktober 2002
Galatasaray Istanbul – Lokomotive Moskau 1:2
FC Brügge – FC Barcelona 0:1

13. November 2002
Lokomotive Moskau – FC Brügge 0:1
FC Barcelona – Galatasaray Istanbul 3:1

Team	Spiele	S	U	N	T	P
1. **FC Barcelona**	6	6	0	0	13:4	**18**
2. **Lokomotive Moskau**	6	2	1	3	5:7	7
3. FC Brügge	6	1	2	3	5:7	5
4. Galatasaray Istanbul	6	1	1	4	5:10	4

2. GRUPPENPHASE

Gruppe A

27. November 2002
Bayer 04 Leverkusen – FC Barcelona 1:2
Newcastle United – Inter Mailand 1:4

10. Dezember 2002
Inter Mailand – Bayer 04 Leverkusen 3:2

11. Dezember 2002
FC Barcelona – Newcastle United 3:1

18. Februar 2003
FC Barcelona – Inter Mailand 3:0
Bayer 04 Leverkusen – Newcastle United 1:3

26. Februar 2003
Inter Mailand – FC Barcelona 0:0
Newcastle United – Bayer 04 Leverkusen 3:1

11. März 2003
FC Barcelona – Bayer 04 Leverkusen 2:0
Inter Mailand – Newcastle United 2:2

19. März 2003
Bayer 04 Leverkusen – Inter Mailand 0:2
Newcastle United – FC Barcelona 0:2

Team	Spiele	S	U	N	T	P
1. **FC Barcelona**	6	5	1	0	12:2	**16**
2. Inter Mailand	6	3	2	1	11:8	**11**
3. Newcastle United	6	2	1	3	10:13	7
4. Bayer 04 Leverkusen	6	0	0	6	5:15	0

Gruppe B

27. November 2002
AS Rom – FC Arsenal 1:3
FC Valencia – Ajax Amsterdam 1:1

10. Dezember 2002
Ajax Amsterdam – AS Rom 2:1
FC Arsenal – FC Valencia 1:1

18. Februar 2003
FC Arsenal – Ajax Amsterdam 1:1
AS Rom – FC Valencia 0:1

26. Februar 2003
Ajax Amsterdam – FC Arsenal 0:0
FC Valencia – AS Rom 0:3

11. März 2003
FC Arsenal – AS Rom 1:1
Ajax Amsterdam – FC Valencia 1:1

19. März 2003
AS Rom – Ajax Amsterdam 1:1
FC Valencia – FC Arsenal 2:1

Team	Spiele	S	U	N	T	P
1. **FC Valencia**	6	2	3	1	6:7	9
2. Ajax Amsterdam	6	1	5	0	6:5	8
3. FC Arsenal	6	1	4	1	7:6	7
4. AS Rom	6	1	2	3	7:8	5

SAISON 2002/03

Gruppe C

26. November 2002	
Lokomotive Moskau – Borussia Dortmund	1:2
AC Mailand – Real Madrid	1:0
11. Dezember 2002	
Borussia Dortmund – AC Mailand	0:1
Real Madrid – Lokomotive Moskau	2:2
19. Februar 2003	
Real Madrid – Borussia Dortmund	2:1
AC Mailand – Lokomotive Moskau	1:0
25. Februar 2003	
Lokomotive Moskau – AC Mailand	0:1
Borussia Dortmund – Real Madrid	1:1
12. März 2003	
Real Madrid – AC Mailand	3:1
Borussia Dortmund – Lokomotive Moskau	3:0
18. März 2003	
AC Mailand – Borussia Dortmund	0:1
Lokomotive Moskau – Real Madrid	0:1

Team	Spiele	S	U	N	T	P
1. **AC Mailand**	6	4	0	2	5:4	**12**
2. Real Madrid	6	3	2	1	9:6	**11**
3. Borussia Dortmund	6	3	1	2	8:5	**10**
4. Lokomotive Moskau	6	0	1	5	3:10	**1**

Gruppe D

26. November 2002	
FC Basel – Manchester United	1:3
Deportivo La Coruña – Juventus Turin	2:2
11. Dezember 2002	
Juventus Turin – FC Basel	4:0
Manchester United – Deportivo La Coruña	2:0
19. Februar 2003	
Manchester United – Juventus Turin	2:1
FC Basel – Deportivo La Coruña	1:0
25. Februar 2003	
Juventus Turin – Manchester United	0:3
Deportivo La Coruña – FC Basel	1:0
12. März 2003	
Manchester United – FC Basel	1:1
Juventus Turin – Deportivo La Coruña	3:2
18. März 2003	
FC Basel – Juventus Turin	2:1
Deportivo La Coruña – Manchester United	2:0

Team	Spiele	S	U	N	T	P
1. **Manchester United**	6	4	1	1	11:5	**13**
2. Juventus Turin	6	2	1	3	11:11	**7**
3. FC Basel	6	2	1	3	5:10	**7**
4. Deportivo La Coruña	6	2	1	3	7:8	**7**

VIERTELFINALE

Die Hinspiele fanden am 8./9. April, die Rückspiele am 22./23. April 2003 statt.

Real Madrid – Manchester United	3:1	3:4
Ajax Amsterdam – **AC Mailand**	0:0	2:3
Inter Mailand – FC Valencia	1:0	1:2
Juventus Turin – FC Barcelona	1:1	2:1 n.V.

HALBFINALE

Die Hinspiele fanden am 6./7. Mai, die Rückspiele am 13./14. Mai 2003 statt.

Real Madrid – Juventus Turin	2:1	1:3
AC Mailand – Inter Mailand	0:0	1:1

FINALE

Das Finale fand am 28. Mai 2003 statt.

Juventus Turin – AC Mailand 0:0 n.V., 2:3 i. E.

Ballzauber im Theater der Träume? *Was Milan und Juventus im Old Trafford von Manchester ablieferten, war gähnend langweilig – vom Elfmeterschießen mal abgesehen.*

QUALIFIKATION

1. Qualifikationsrunde

	Hin	Rück
Araks Ararat – **Sheriff Tiraspol**	0:1	0:2
Linfield FC Ulster – **Torpedo Kutaissi**	0:0	0:1
Lewski Sofia – FK Željezničar Sarajevo	4:0	0:0
FK Sloga Jugomagnat Skopje – FBK Kaunas	0:0	1:1
VB Vágur – **FK Slawija-Masyr**	0:0	0:5
FC Valletta – **FC Haka**	0:0	0:5
F91 Dudelange – **Latvia Skonto Riga**	1:6	1:0
Barry Town – Azerbaijan FK Şamkir	2:0	1:0
Bohemians Dublin – FC Levadia Maardu	3:0	0:0
KR Reykjavík – **KS Vllaznia Shkodra**	2:1	0:1

2. Qualifikationsrunde

	Hin	Rück
FC Haka – Maccabi Haifa	0:1	3:0
FK Slawija-Masyr – **FK AŠK Bratislava**	0:1	0:1
Skonto Riga – **Wisła Krakau**	1:2	0:1
Schachtar Donezk – FC Lugano	3:0	1:2
Torpedo Kutaissi – **FC Kopenhagen**	1:1	1:3
Omonia Nikosia – **Roter Stern Belgrad**	1:1	1:2
Lewski Sofia – Brann Bergen	0:0	1:1
Galatasaray Istanbul – Vllaznia Shkodra	2:0	4:1
RSC Anderlecht – Moldova Sheriff Tiraspol	4:0	2:1
Steaua Bukarest – FK Sloga Jugomagnat Skopje	3:0	2:1
Ferencváros Budapest – **Hajduk Split**	0:0	0:0 n.V. 4:5 i. E.
NK Maribor – **Glasgow Rangers**	0:3	1:3
Bohemians Dublin – **Halmstads BK**	1:2	0:2
FC Porto – Barry Town	8:0	1:3

3. Qualifikationsrunde

	Hin	Rück
Lokomotive Moskau – FC Tirol Innsbruck	3:1	0:1
Schachtar Donezk – **Borussia Dortmund**	0:2	1:3
Wisła Krakau – **FC Barcelona**	3:4	0:1
FC Kopenhagen – **Lazio Rom**	2:1	1:4
Galatasaray Istanbul – Lewski Sofia	2:1	1:1
FK AŠK Bratislava – **Rosenborg Trondheim**	3:3	0:4
Halmstads BK Flagge – **RSC Anderlecht**	2:3	1:1
Slavia Prag – **Panathinaikos Athen**	1:2	0:1
Steaua Bukarest – **Dynamo Kiew**	2:4	1:1
FC Haka – **FC Liverpool**	0:5	1:4
Hajduk Split – **RCD Mallorca**	1:0	0:2 n.V.
Roter Stern Belgrad – **Bayer 04 Leverkusen**	0:0	0:3
Ajax Amsterdam – **Celtic Glasgow**	1:3	1:0
Glasgow Rangers – **Fenerbahçe Istanbul**	0:0	1:2
AC Parma – **OSC Lille**	0:2	1:0
FC Porto – Grasshopper-Club Zürich	2:2	3:2

1. GRUPPENPHASE

Gruppe A

11. September 2001
Lokomotive Moskau – RSC Anderlecht 1:1
AS Rom – Real Madrid 1:2

19. September 2001
RSC Anderlecht – AS Rom 0:0
Real Madrid – Lokomotive Moskau 4:0

26. September 2001
Real Madrid – RSC Anderlecht 4:1
AS Rom – Lokomotive Moskau 2:1

16. Oktober 2001
Lokomotive Moskau – AS Rom 0:1
RSC Anderlecht – Real Madrid 0:2

24. Oktober 2001
Real Madrid – AS Rom 1:1
RSC Anderlecht – Lokomotive Moskau 1:5

30. Oktober 2001
AS Rom – RSC Anderlecht 1:1
Lokomotive Moskau – Real Madrid 2:0

Team	Spiele	S	U	N	T	P
1. **Real Madrid**	6	4	1	1	13:5	**13**
2. **AS Rom**	6	2	3	1	6:5	**9**
3. Lokomotive Moskau	6	2	1	3	9:9	7
4. RSC Anderlecht	6	0	3	3	4:13	3

Gruppe C

11. September 2001
FC Schalke 04 – Panathinaikos Athen 0:2
RCD Mallorca – FC Arsenal 1:0

19. September 2001
FC Arsenal – FC Schalke 04 3:2
Panathinaikos Athen – RCD Mallorca 2:0

26. September 2001
Panathinaikos Athen – FC Arsenal 1:0
FC Schalke 04 – RCD Mallorca 0:1

16. Oktober 2001
FC Arsenal – Panathinaikos Athen 2:1
RCD Mallorca – FC Schalke 04 0:4

24. Oktober 2001
Panathinaikos Athen – FC Schalke 04 2:0
FC Arsenal – RCD Mallorca 3:1

30. Oktober 2001
FC Schalke 04 – FC Arsenal 3:1
RCD Mallorca – Panathinaikos Athen 1:0

Team	Spiele	S	U	N	T	P
1. **Panathinaikos Athen**	6	4	0	2	8:3	**12**
2. **FC Arsenal**	6	3	0	3	9:9	**9**
3. RCD Mallorca	6	3	0	3	4:9	9
4. FC Schalke 04	6	2	0	4	9:9	6

Gruppe B

11. September 2001
FC Liverpool – Boavista Porto 1:1
Dynamo Kiew – Borussia Dortmund 2:2

19. September 2001
Borussia Dortmund – FC Liverpool 0:0
Boavista Porto – Dynamo Kiew 3:1

26. September 2001
Boavista Porto – Borussia Dortmund 2:1
FC Liverpool – Dynamo Kiew 1:0

16. Oktober 2001
Borussia Dortmund – Boavista Porto 2:1
Dynamo Kiew – FC Liverpool 1:2

24. Oktober 2001
Boavista Porto – FC Liverpool 1:1
Borussia Dortmund – Dynamo Kiew 1:0

30. Oktober 2001
FC Liverpool – Borussia Dortmund 2:0
Dynamo Kiew – Boavista Porto 1:0

Team	Spiele	S	U	N	T	P
1. **FC Liverpool**	6	3	3	0	7:3	**12**
2. **Boavista Porto**	6	2	2	2	8:7	**8**
3. Borussia Dortmund	6	2	2	2	6:7	8
4. Dynamo Kiew	6	1	1	4	5:9	4

Gruppe D

11. September 2001
FC Nantes – PSV Eindhoven 4:1
Galatasaray Istanbul – Lazio Rom 1:0

19. September 2001
Lazio Rom – FC Nantes 1:3
PSV Eindhoven – Galatasaray Istanbul 3:1

26. September 2001
PSV Eindhoven – Lazio Rom 1:0
FC Nantes – Galatasaray Istanbul 0:1

16. Oktober 2001
Lazio Rom – PSV Eindhoven 2:1
Galatasaray Istanbul – FC Nantes 0:0

24. Oktober 2001
PSV Eindhoven – FC Nantes 0:0
Lazio Rom – Galatasaray Istanbul 1:0

30. Oktober 2001
FC Nantes – Lazio Rom 1:0
Galatasaray Istanbul – PSV Eindhoven 2:0

Team	Spiele	S	U	N	T	P
1. **FC Nantes**	6	3	2	1	8:3	**11**
2. **Galatasaray Istanbul**	6	3	1	2	5:4	**10**
3. PSV Eindhoven	6	2	1	3	6:9	7
4. Lazio Rom	6	2	0	4	4:7	6

Gruppe E

18. September 2001
Juventus Turin – Celtic Glasgow 3:2
Rosenborg Trondheim – FC Porto 1:2

25. September 2001
Rosenborg Trondheim – Juventus Turin 1:1
Celtic Glasgow – FC Porto 1:0

10. Oktober 2001
Celtic Glasgow – Rosenborg Trondheim 1:0
FC Porto – Juventus Turin 0:0

17. Oktober 2001
Juventus Turin – Rosenborg Trondheim 1:0
FC Porto – Celtic Glasgow 3:0

23. Oktober 2001
Rosenborg Trondheim – Celtic Glasgow 2:0
Juventus Turin – FC Porto 3:1

31. Oktober 2001
Celtic Glasgow – Juventus Turin 4:3
FC Porto – Rosenborg Trondheim 1:0

Team	Spiele	S	U	N	T	P
1. **Juventus Turin**	6	3	2	1	11:8	**11**
2. **FC Porto**	6	3	1	2	7:5	**10**
3. Celtic Glasgow	6	3	0	3	8:11	9
4. Rosenborg Trondheim	6	1	1	4	4:6	4

Gruppe F

18. September 2001
Olympique Lyon – Bayer 04 Leverkusen 0:1
Fenerbahçe Istanbul – FC Barcelona 0:3

25. September 2001
Fenerbahçe Istanbul – Olympique Lyon 0:1
Bayer 04 Leverkusen – FC Barcelona 2:1

10. Oktober 2001
Bayer 04 Leverkusen – Fenerbahçe Istanbul 2:1
FC Barcelona – Olympique Lyon 2:0

17. Oktober 2001
Olympique Lyon – Fenerbahçe Istanbul 3:1
FC Barcelona – Bayer 04 Leverkusen 2:1

23. Oktober 2001
Fenerbahçe Istanbul – Bayer 04 Leverkusen 1:2
Olympique Lyon – FC Barcelona 2:3

31. Oktober 2001
Bayer 04 Leverkusen – Olympique Lyon 2:4
FC Barcelona – Fenerbahçe Istanbul 1:0

Team	Spiele	S	U	N	T	P
1. **FC Barcelona**	6	5	0	1	12:5	**15**
2. **Bayer 04 Leverkusen**	6	4	0	2	10:9	**12**
3. Olympique Lyon	6	3	0	3	10:9	9
4. Fenerbahçe Istanbul	6	0	0	6	3:12	0

Gruppe G

18. September 2001
Manchester United – OSC Lille 1:0
Deportivo La Coruña – Olympiakos Piräus 2:2

25. September 2001
Deportivo La Coruña – Manchester United 2:1
OSC Lille – Olympiakos Piräus 3:1

10. Oktober 2001
OSC Lille – Deportivo La Coruña 1:1
Olympiakos Piräus – Manchester United 0:2

17. Oktober 2001
Manchester United – Deportivo La Coruña 2:3
Olympiakos Piräus – OSC Lille 2:1

23. Oktober 2001
Deportivo La Coruña – OSC Lille 1:1
Manchester United – Olympiakos Piräus 3:0

31. Oktober 2001
OSC Lille – Manchester United 1:1
Olympiakos Piräus – Deportivo La Coruña 1:1

Team	Spiele	S	U	N	T	P
1. **Deportivo La Coruña**	6	2	4	0	10:8	**10**
2. **Manchester United**	6	3	1	2	10:6	**10**
3. OSC Lille	6	1	3	2	7:7	6
4. Olympiakos Piräus	6	1	2	3	6:12	5

Gruppe H

18. September 2001
Spartak Moskau – Feyenoord Rotterdam 2:2
FC Bayern München – Sparta Prag 0:0

25. September 2001
Spartak Moskau – FC Bayern München 1:3
Sparta Prag – Feyenoord Rotterdam 4:0

10. Oktober 2001
Sparta Prag – Spartak Moskau 2:0
Feyenoord Rotterdam – FC Bayern München 2:2

17. Oktober 2001
FC Bayern München – Spartak Moskau 5:1
Feyenoord Rotterdam – Sparta Prag 0:2

23. Oktober 2001
Spartak Moskau – Sparta Prag 2:2
FC Bayern München – Feyenoord Rotterdam 3:1

31. Oktober 2001
Sparta Prag – FC Bayern München 0:1
Feyenoord Rotterdam – Spartak Moskau 2:1

Team	Spiele	S	U	N	T	P
1. **FC Bayern München**	6	4	2	0	14:5	**14**
2. **Sparta Prag**	6	3	2	1	10:3	**11**
3. Feyenoord Rotterdam	6	1	2	3	7:14	5
4. Spartak Moskau	6	0	2	4	7:16	2

2. GRUPPENPHASE

Gruppe A

20. November 2001
Boavista Porto – FC Nantes 1:0
FC Bayern München – Manchester United 1:1

5. Dezember 2001
Manchester United – Boavista Porto 3:0
FC Nantes – FC Bayern München 0:1

20. Februar 2002
FC Nantes – Manchester United 1:1
Boavista Porto – FC Bayern München 1:1

26. Februar 2002
Manchester United – FC Nantes 5:1
FC Bayern München – Boavista Porto 1:0

13. März 2002
FC Nantes – Boavista Porto 1:1
Manchester United – FC Bayern München 0:0

19. März 2002
Boavista Porto – Manchester United 0:3
FC Bayern München – FC Nantes 2:1

Team	Spiele	S	U	N	T	P
1. **Manchester United**	6	3	3	0	13:3	**12**
2. **FC Bayern München**	6	3	3	0	5:2	**12**
3. Boavista Porto	6	1	2	3	2:8	5
4. FC Nantes	6	0	2	4	4:11	2

Gruppe B

20. November 2001
FC Liverpool – FC Barcelona 1:3
Galatasaray Istanbul – AS Rom 1:1

5. Dezember 2001
AS Rom – FC Liverpool 0:0
FC Barcelona – Galatasaray Istanbul 2:2

20. Februar 2002
FC Barcelona – AS Rom 1:1
FC Liverpool – Galatasaray Istanbul 0:0

26. Februar 2002
AS Rom – FC Barcelona 3:0
Galatasaray Istanbul – FC Liverpool 1:1

13. März 2002
FC Barcelona – FC Liverpool 0:0
AS Rom – Galatasaray Istanbul 1:1

19. März 2002
FC Liverpool – AS Rom 2:0
Galatasaray Istanbul – FC Barcelona 0:1

Team	Spiele	S	U	N	T	P
1. **FC Barcelona**	6	2	3	1	7:7	**9**
2. **FC Liverpool**	6	1	4	1	4:4	**7**
3. AS Rom	6	1	4	1	6:5	7
4. Galatasaray Istanbul	6	0	5	1	5:6	5

SAISON 2001/02

Gruppe C

21. November 2001
Sparta Prag – Real Madrid 2:3
Panathinaikos Athen – FC Porto 0:0

4. Dezember 2001
FC Porto – Sparta Prag 0:1
Real Madrid – Panathinaikos Athen 3:0

19. Februar 2002
Real Madrid – FC Porto 1:0
Sparta Prag – Panathinaikos Athen 0:2

27. Februar 2002
FC Porto – Real Madrid 1:2
Panathinaikos Athen – Sparta Prag 2:1

12. März 2002
Real Madrid – Sparta Prag 3:0
FC Porto – Panathinaikos Athen 2:1

20. März 2002
Sparta Prag – FC Porto 2:0
Panathinaikos Athen – Real Madrid 2:2

Team	Spiele	S	U	N	T	P
1. **Real Madrid**	6	5	1	0	14:5	**16**
2. **Panathinaikos Athen**	6	2	2	2	7:8	**8**
3. Sparta Prag	6	2	0	4	6:10	**6**
4. FC Porto	6	1	1	4	3:7	**4**

Gruppe D

21. November 2001
Deportivo La Coruña – FC Arsenal 2:0

29. November 2001
Juventus Turin – Bayer 04 Leverkusen 4:0

4. Dezember 2001
FC Arsenal – Juventus Turin 3:1
Bayer 04 Leverkusen – Deportivo La Coruña 3:0

19. Februar 2002
Bayer 04 Leverkusen – FC Arsenal 1:1
Juventus Turin – Deportivo La Coruña 0:0

27. Februar 2002
FC Arsenal – Bayer 04 Leverkusen 4:1
Deportivo La Coruña – Juventus Turin 2:0

12. März 2002
Bayer 04 Leverkusen – Juventus Turin 3:1
FC Arsenal – Deportivo La Coruña 0:2

20. März 2002
Juventus Turin – FC Arsenal 1:0
Deportivo La Coruña – Bayer 04 Leverkusen 1:3

Team	Spiele	S	U	N	T	P
1. **Bayer 04 Leverkusen**	6	3	1	2	11:11	**10**
2. **Deportivo La Coruña**	6	3	1	2	7:6	**10**
3. FC Arsenal	6	2	1	3	8:8	**7**
4. Juventus Turin	6	2	1	3	7:8	**7**

VIERTELFINALE

Die Hinspiele fanden am 28./29. März, die Rückspiele am 4./5. April 2006 statt.

FC Bayern München – **Real Madrid**	2:1	0:2
Deportivo La Coruña – **Manchester United**	0:2	2:3
Panathinaikos Athen – **FC Barcelona**	1:0	1:3
FC Liverpool – **Bayer 04 Leverkusen**	1:0	2:4

HALBFINALE

Die Hinspiele fanden am 23./24. April, die Rückspiele am 30. April/1. Mai 2002 statt.

FC Barcelona – **Real Madrid**	0:2	1:1
Manchester United – **Bayer 04 Leverkusen**	2:2	1:1

FINALE

Das Finale fand am 15. Mai 2002 statt.

Bayer 04 Leverkusen – Real Madrid 1:2

Raúl Real.
Torschütze Raúl feiert den glücklichen Sieg von Real Madrid gegen Bayer Leverkusen königlich mit Nationalflagge.

QUALIFIKATION

1. Qualifikationsrunde

	Hin	Rück
KÍ Klaksvík – **Roter Stern Belgrad**	0:3	0:2
Llansantffraid – **FC Levadia Maardu**	2:2	0:4
FK Sloga Jugomagnat Skopje – **Shelbourne FC**	0:1	1:1
FC Birkirkara – **KR Reykjavík**	1:2	1:4
FBK Kaunas Flagge – NK Brotnjo Citluk	4:0	0:3
SK Tirana – **Zimbru Chisinau**	2:3	2:3
FC Schirak Gjumri – **Belarus BATE Baryssau**	1:1	1:2
FC Haka Flagge – Linfield FC	1:0	1:2
Skonto Riga – **FK Semkir**	2:1	1:4 n.V.
F91 Dudelange – **Lewski Sofia**	0:4	0:2

2. Qualifikationsrunde

	Hin	Rück
Dinamo Bukarest – **Polonia Warschau**	3:4	1:3
SK Sturm Graz – Hapoel Tel Aviv	3:0	2:1
RSC Anderlecht – Anorthosis Famagusta	4:2	0:0
Hajduk Split – **Dunaferr SE**	0:2	2:2
Slavia Prag – FK Semkir	1:0	4:1
Shelbourne FC – **Rosenborg Trondheim**	1:3	1:1
Brøndby IF – KR Reykjavík	3:1	0:0
Glasgow Rangers – FBK Kaunas	4:1	0:0
FC Haka – **FK AŠK Inter Slovnaft Bratislava**	0:0	0:1 n.V.
Roter Stern Belgrad – Torpedo Kutaissi	4:0	0:2
Helsingborgs IF – Belarus BATE Baryssau	0:0	3:0
Besiktas Istanbul – Lewski Sofia	1:0	1:1
Zimbru Chisinau – Slovenia NK Maribor	2:0	0:1
Schachtar Donezk – FC Levadia Maardu	4:1	5:1

3. Qualifikationsrunde

	Hin	Rück
FK AŠK Inter Slovnaft Bratislava – **Olympique Lyon**	1:2	1:2
Brøndby IF – **Hamburger SV**	0:2	0:0
Zimbru Chisinau – **Sparta Prag**	0:1	0:1
Besiktas Istanbul – Lokomotive Moskau	3:0	3:1
SK Sturm Graz – Feyenoord Rotterdam	2:1	1:1
Schachtar Donezk – Slavia Prag	0:1	2:0 n.V.
FC St. Gallen – **Galatasaray Istanbul**	1:2	2:2
AC Mailand – Dinamo Zagreb	3:1	3:0
FC Tirol Innsbruck – **FC Valencia**	0:0	1:4
Leeds United – TSV 1860 München	2:1	1:0
Helsingborgs IF – Inter Mailand	1:0	0:0
Dunaferr SE – **Rosenborg Trondheim**	2:2	1:2
RSC Anderlecht – FC Porto	1:0	0:0
Herfølge BK – **Glasgow Rangers**	0:3	0:3
Dynamo Kiew – Roter Stern Belgrad	0:0	1:1
Polonia Warschau – **Panathinaikos Athen**	2:2	1:2

1. GRUPPENPHASE

Gruppe A

12. September 2000
Spartak Moskau – Bayer 04 Leverkusen 2:0
Sporting Lissabon – Real Madrid 2:0

20. September 2000
Bayer 04 Leverkusen – Sporting Lissabon 3:2
Real Madrid – Spartak Moskau 3:2

27. September 2000
Bayer 04 Leverkusen – Real Madrid 2:3
Spartak Moskau – Sporting Lissabon 3:1

17. Oktober 2000
Real Madrid – Bayer 04 Leverkusen 5:3
Sporting Lissabon – Spartak Moskau 0:3

25. Oktober 2000
Bayer 04 Leverkusen – Spartak Moskau 1:0
Real Madrid – Sporting Lissabon 4:0

7. November 2000
Sporting Lissabon – Bayer 04 Leverkusen 0:0
Spartak Moskau – Real Madrid 0:0

Team	Spiele	S	U	N	T	P
1. **Real Madrid**	6	4	1	1	15:8	**13**
2. **Spartak Moskau**	6	4	0	2	9:3	**12**
3. Bayer 04 Leverkusen	6	2	1	3	9:12	7
4. Sporting Lissabon	6	0	2	4	5:15	2

Gruppe C

12. September 2000
FC Valencia – Olympiakos Piräus 2:1
Olympique Lyon – SC Heerenveen 3:1

20. September 2000
Olympiakos Piräus – Olympique Lyon 2:1
SC Heerenveen – FC Valencia 0:1

27. September 2000
FC Valencia – Olympique Lyon 0:1
Olympiakos Piräus – SC Heerenveen 2:0

17. Oktober 2000
Olympique Lyon – FC Valencia 1:2
SC Heerenveen – Olympiakos Piräus 1:2

25. Oktober 2000
Olympiakos Piräus – FC Valencia 1:0
SC Heerenveen – Olympique Lyon 0:2

7. November 2000
Olympique Lyon – Olympiakos Piräus 1:0
FC Valencia – SC Heerenveen 1:1

Team	Spiele	S	U	N	T	P
1. **FC Valencia**	6	4	1	1	7:4	**13**
2. **Olympique Lyon**	6	3	0	3	8:6	**9**
3. Olympiakos Piräus	6	3	0	3	6:5	9
4. SC Heerenveen	6	1	1	4	3:9	4

Gruppe B

12. September 2000
Sparta Prag – FC Arsenal 0:1
Schachtar Donezk – Lazio Rom 0:1

20. September 2000
FC Arsenal – Schachtar Donezk 3:2
Lazio Rom – Sparta Prag 3:0

27. September 2000
FC Arsenal – Lazio Rom 3:0
Sparta Prag – Schachtar Donezk 3:0

17. Oktober 2000
Lazio Rom – FC Arsenal 1:1
Schachtar Donezk – Sparta Prag 2:1

25. Oktober 2000
FC Arsenal – Sparta Prag 2:1
Lazio Rom – Schachtar Donezk 2:1

7. November 2000
Schachtar Donezk – FC Arsenal 2:1
Sparta Prag – Lazio Rom 2:1

Team	Spiele	S	U	N	T	P
1. **FC Arsenal**	6	4	1	1	11:8	**13**
2. **Lazio Rom**	6	4	1	1	13:4	**13**
3. Schachtar Donezk	6	2	0	4	10:15	6
4. Sparta Prag	6	1	0	5	6:13	3

Gruppe D

12. September 2000
Galatasaray Istanbul – AS Monaco 3:2
Glasgow Rangers – SK Sturm Graz 3:2

20. September 2000
AS Monaco – Glasgow Rangers 0:1
SK Sturm Graz – Galatasaray Istanbul 3:0

27. September 2000
Galatasaray Istanbul – Glasgow Rangers 3:2
AS Monaco – SK Sturm Graz 5:0

17. Oktober 2000
Glasgow Rangers – Galatasaray Istanbul 0:0
SK Sturm Graz – AS Monaco 2:0

25. Oktober 2000
AS Monaco – Galatasaray Istanbul 4:2
SK Sturm Graz – Glasgow Rangers 4:2

7. November 2000
Glasgow Rangers – AS Monaco 2:2
Galatasaray Istanbul – SK Sturm Graz 2:2

Team	Spiele	S	U	N	T	P
1. **SK Sturm Graz**	6	3	1	2	9:12	**10**
2. **Galatasaray Istanbul**	6	2	2	2	10:13	**8**
3. Glasgow Rangers	6	2	2	2	10:7	8
4. AS Monaco	6	2	1	3	13:10	7

Gruppe E

13. September 2000
Hamburger SV – Juventus Turin 4:4
Panathinaikos Athen – Deportivo La Coruña 1:1

19. September 2000
Juventus Turin – Panathinaikos Athen 2:1
Deportivo La Coruña – Hamburger SV 2:1

26. September 2000
Juventus Turin – Deportivo La Coruña 0:0
Hamburger SV – Panathinaikos Athen 0:1

18. Oktober 2000
Deportivo La Coruña – Juventus Turin 1:1
Panathinaikos Athen – Hamburger SV 0:0

24. Oktober 2000
Juventus Turin – Hamburger SV 1:3
Deportivo La Coruña – Panathinaikos Athen 1:0

8. November 2000
Panathinaikos Athen – Juventus Turin 1:0
Hamburger SV – Deportivo La Coruña 1:1

Team	Spiele	S	U	N	T	P
1. **Deportivo La Coruña**	6	2	4	0	6:4	**10**
2. **Panathinaikos Athen**	6	2	2	2	6:5	**8**
3. Hamburger SV	6	1	3	2	9:9	6
4. Juventus Turin	6	1	3	2	9:12	6

Gruppe F

13. September 2000
Rosenborg Trondheim – Paris Saint-Germain 3:1
Helsingborgs IF – FC Bayern München 1:3

19. September 2000
Paris Saint-Germain – Helsingborgs IF 4:1
FC Bayern München – Rosenborg Trondheim 3:1

26. September 2000
Paris Saint-Germain – FC Bayern München 1:0
Rosenborg Trondheim – Helsingborgs IF 6:1

18. Oktober 2000
FC Bayern München – Paris Saint-Germain 2:1
Helsingborgs IF – Rosenborg Trondheim 6:1

24. Oktober 2000
Paris Saint-Germain – Rosenborg Trondheim 7:2
FC Bayern München – Helsingborgs IF 0:0

8. November 2000
Helsingborgs IF – Paris Saint-Germain 1:1
Rosenborg Trondheim – FC Bayern München 1:1

Team	Spiele	S	U	N	T	P
1. **FC Bayern München**	6	3	2	1	9:4	**11**
2. **Paris Saint-Germain**	6	3	1	2	14:9	**10**
3. Rosenborg Trondheim	6	2	1	3	13:15	7
4. Helsingborgs IF	6	1	2	3	6:14	5

Gruppe G

13. September 2000
PSV Eindhoven – Dynamo Kiew 2:1
Manchester United – RSC Anderlecht 5:1

19. September 2000
Dynamo Kiew – Manchester United 0:0
RSC Anderlecht – PSV Eindhoven 1:0

26. September 2000
Dynamo Kiew – RSC Anderlecht 4:0
PSV Eindhoven – Manchester United 3:1

18. Oktober 2000
RSC Anderlecht – Dynamo Kiew 4:2
Manchester United – PSV Eindhoven 3:1

24. Oktober 2000
Dynamo Kiew – PSV Eindhoven 0:1
RSC Anderlecht – Manchester United 2:1

8. November 2000
Manchester United – Dynamo Kiew 1:0
PSV Eindhoven – RSC Anderlecht 2:3

Team	Spiele	S	U	N	T	P
1. **RSC Anderlecht**	6	4	0	2	11:14	**12**
2. **Manchester United**	6	3	1	2	11:7	**10**
3. PSV Eindhoven	6	3	0	3	9:9	9
4. Dynamo Kiew	6	1	1	4	7:8	4

Gruppe H

13. September 2000
FC Barcelona – Leeds United 4:0
AC Mailand – Beşiktaş Istanbul 4:1

19. September 2000
Leeds United – AC Mailand 1:0
Beşiktaş Istanbul – FC Barcelona 3:0

26. September 2000
Leeds United – Beşiktaş Istanbul 6:0
FC Barcelona – AC Mailand 0:2

18. Oktober 2000
Beşiktaş Istanbul – Leeds United 0:2
AC Mailand – FC Barcelona 3:3

24. Oktober 2000
Leeds United – FC Barcelona 1:1
Beşiktaş Istanbul – AC Mailand 0:2

8. November 2000
AC Mailand – Leeds United 1:1
FC Barcelona – Beşiktaş Istanbul 5:0

Team	Spiele	S	U	N	T	P
1. **AC Mailand**	6	3	2	1	12:6	**11**
2. **Leeds United**	6	2	3	1	9:6	**9**
3. FC Barcelona	6	2	2	2	13:9	8
4. Beşiktaş Istanbul	6	1	1	4	4:17	4

2. GRUPPENPHASE

Gruppe A

21. November 2000
FC Valencia – SK Sturm Graz 2:0
Manchester United – Panathinaikos Athen 3:1

6. Dezember 2000
Panathinaikos Athen – FC Valencia 0:0
SK Sturm Graz – Manchester United 0:2

14. Februar 2001
SK Sturm Graz – Panathinaikos Athen 2:0
FC Valencia – Manchester United 0:0

20. Februar 2001
Panathinaikos Athen – SK Sturm Graz 1:2
Manchester United – FC Valencia 1:1

7. März 2001
SK Sturm Graz – FC Valencia 0:5
Panathinaikos Athen – Manchester United 1:1

13. März 2001
FC Valencia – Panathinaikos Athen 2:1
Manchester United – SK Sturm Graz 3:0

Team	Spiele	S	U	N	T	P
1. **FC Valencia**	6	3	3	0	10:2	**12**
2. **Manchester United**	6	3	3	0	10:3	**12**
3. SK Sturm Graz	6	2	0	4	4:13	6
4. Panathinaikos Athen	6	0	2	4	4:10	2

Gruppe B

21. November 2000
AC Mailand – Galatasaray Istanbul 2:2
Paris Saint-Germain – Deportivo La Coruña 1:2

6. Dezember 2000
Deportivo La Coruña – AC Mailand 0:1
Galatasaray Istanbul – Paris Saint-Germain 1:0

14. Februar 2001
Galatasaray Istanbul – Deportivo La Coruña 1:0
AC Mailand – Paris Saint-Germain 1:1

20. Februar 2001
Deportivo La Coruña – Galatasaray Istanbul 2:0
Paris Saint-Germain – AC Mailand 1:1

7. März 2001
Galatasaray Istanbul – AC Mailand 2:0
Deportivo La Coruña – Paris Saint-Germain 4:3

13. März 2001
AC Mailand – Deportivo La Coruña 1:1
Paris Saint-Germain – Galatasaray Istanbul 2:0

Team	Spiele	S	U	N	T	P
1. **Deportivo La Coruña**	6	3	1	2	10:7	**10**
2. **Galatasaray Istanbul**	6	3	1	2	6:6	**10**
3. AC Mailand	6	1	4	1	6:7	7
4. Paris Saint-Germain	6	1	2	3	8:10	5

SAISON 2000/01

Gruppe C

22. November 2000

FC Bayern München – Olympique Lyon	1:0
Spartak Moskau – FC Arsenal	4:1

5. Dezember 2000

FC Arsenal – FC Bayern München	4:1
Olympique Lyon – Spartak Moskau	4:1

13. Februar 2001

Olympique Lyon – FC Arsenal	0:1
FC Bayern München – Spartak Moskau	1:0

21. Februar 2001

FC Arsenal – Olympique Lyon	1:1
Spartak Moskau – FC Bayern München	0:3

6. März 2001

Olympique Lyon – FC Bayern München	3:0
FC Arsenal – Spartak Moskau	1:0

14. März 2001

FC Bayern München – FC Arsenal	1:0
Spartak Moskau – Olympique Lyon	1:1

Team	Spiele	S	U	N	T	P
1. **FC Bayern München**	6	4	1	1	8:5	**13**
2. **FC Arsenal**	6	2	2	2	6:6	**8**
3. Olympique Lyon	6	2	2	2	8:4	8
4. Spartak Moskau	6	1	1	4	5:10	4

Gruppe D

22. November 2000

Leeds United – Real Madrid	0:2
RSC Anderlecht – Lazio Rom	1:0

5. Dezember 2000

Lazio Rom – Leeds United	0:1
Real Madrid – RSC Anderlecht	4:1

13. Februar 2001

Real Madrid – Lazio Rom	3:2
Leeds United – RSC Anderlecht	2:1

21. Februar 2001

Lazio Rom – Real Madrid	2:2
RSC Anderlecht – Leeds United	1:4

6. März 2001

Real Madrid – Leeds United	3:2
Lazio Rom – RSC Anderlecht	2:1

14. März 2001

Leeds United – Lazio Rom	3:3
RSC Anderlecht – Real Madrid	2:0

Team	Spiele	S	U	N	T	P
1. **Real Madrid**	6	4	1	1	14:9	**13**
2. **Leeds United**	6	3	1	2	12:10	**10**
3. RSC Anderlecht	6	2	0	4	7:12	6
4. Lazio Rom	6	1	2	3	9:11	5

VIERTELFINALE

Die Hinspiele fanden am 3./4. April, die Rückspiele am 17./18. April 2001 statt.

Manchester United – **Bayern München**	0:1	1:2
Galatasaray Istanbul – **Real Madrid**	3:2	0:3
Leeds United – Deportivo La Coruña	3:0	0:2
FC Arsenal – **FC Valencia**	2:1	0:1

HALBFINALE

Die Hinspiele fanden am 1./2. Mai, die Rückspiele am 8./9. Mai 2001 statt.

Real Madrid – **FC Bayern München**	0:1	1:2
Leeds United – **FC Valencia**	0:0	0:3

FINALE

Das Finale fand am 23. Mai 2001 statt.

FC Bayern München – FC Valencia 1:1 n.V., 5:4 i.E.

Am Ende wird alles gut. Zwei Jahre nach dem Drama gegen Manchester schlagen Hasan Salihamidžič und seine Kollegen von FC Bayern München den FC Valencia – und wenn's dazu auch eines Elfmeterschießens bedurfte.

20

QUALIFIKATION

1. Qualifikationsrunde

	Hin	Rück
ÍB Vestmannaeyja – SK Tirana	1:0	2:1
FK Partizan Belgrad – FC Flora Tallinn	6:0	4:1
Barry Town – **FC Valletta**	0:0	2:3
Litex Lowetsch – Glentoran FC	3:0	2:0
HB Tórshavn – **FC Haka**	1:1	0:6
Jeunesse Esch – **Skonto Riga**	0:2	0:8
St Patrick's Athletic – **Zimbru Chişinău**	0:5	0:5
FK Zalgiris Vilnius – FC Zement Ararat	2:0	3:0
FK Sloga Jugomagnat Skopje – FK Kapaz Ganca	1:0	1:2

2. Qualifikationsrunde

	Hin	Rück
Anorthosis Famagusta – SK Slovan Bratislava	2:1	1:1
ZSKA Moskau – **Molde FK**	2:0	0:4
Dnjapro Mahiljou – **AIK Solna**	0:1	0:2
Besikta Istanbul – **Hapoel Haifa**	1:1	0:0
NK Maribor – KRC Genk	5:1	0:3
FK Partizan Belgrad – HNK Rijeka	3:1	3:0
FC Haka – **Glasgow Rangers**	1:4	0:3
Dinamo Tiflis – **Zimbru Chişinău**	2:1	0:2
FK Sloga Jugomagnat Skopje – **Brøndby IF**	0:1	0:1
Rapid Bukarest – **Skonto Riga**	3:3	1:2
Dynamo Kiew – FK Zalgiris Vilnius	2:0	1:0
ÍB Vestmannaeyja – **MTK Hungária FC**	0:2	1:3
SK Rapid Wien – FC Valletta	3:0	2:0
Litex Lowetsch – **Widzew Łodż**	4:1	1:4 n.V. 2:3 i. E.

3. Qualifikationsrunde

	Hin	Rück
Olympique Lyon – **NK Maribor**	0:1	0:2
Croatia Zagreb – MTK Hungária FC	0:0	2:0
Glasgow Rangers – AC Parma	2:0	0:1
Brøndby IF – **Boavista Porto**	1:2	2:4 n.V.
AEK Athen – **AIK Solna**	0:0	0:1
Hapoel Haifa – **FC Valencia**	0:2	0:2
Hertha BSC – Anorthosis Famagusta	2:0	0:0
Zimbru Chişinău – **PSV Eindhoven**	0:0	0:2
Spartak Moskau – FK Partizan Belgrad	2:0	3:1
FK Teplice – **Borussia Dortmund**	0:1	0:1
SK Sturm Graz – Servette Genf	2:1	2:2
FC Chelsea – Skonto Riga	3:0	0:0
SK Rapid Wien – **Galatasaray Istanbul**	0:3	0:1
AC Florenz – Widzew Łodż	3:1	2:0
Aalborg BK – **Dynamo Kiew**	1:2	2:2
Molde FK – RCD Mallorca	0:0	1:1

1. GRUPPENPHASE

Gruppe A

14. September 1999
Bayer 04 Leverkusen – Lazio Rom 1:1
Dynamo Kiew – NK Maribor 0:1

22. September 1999
NK Maribor – Bayer 04 Leverkusen 0:2
Lazio Rom – Dynamo Kiew 2:1

29. September 1999
Lazio Rom – NK Maribor 4:0
Bayer 04 Leverkusen – Dynamo Kiew 1:1

19. Oktober 1999
NK Maribor – Lazio Rom 0:4
Dynamo Kiew – Bayer 04 Leverkusen 4:2

27. Oktober 1999
Lazio Rom – Bayer 04 Leverkusen 1:1
NK Maribor – Dynamo Kiew 1:2

2. November 1999
Bayer 04 Leverkusen – NK Maribor 0:0
Dynamo Kiew – Lazio Rom 0:1

Team	Spiele	S	U	N	T	P
1. **Lazio Rom**	6	4	2	0	13:3	**14**
2. **Dynamo Kiew**	6	2	1	3	8:8	7
3. Bayer 04 Leverkusen	6	1	4	1	7:7	7
4. NK Maribor	6	1	1	4	2:12	4

Gruppe C

14. September 1999
Boavista Porto – Rosenborg Trondheim 0:3
Feyenoord Rotterdam – Borussia Dortmund 1:1

22. September 1999
Borussia Dortmund – Boavista Porto 3:1
Rosenborg Trondheim – Feyenoord Rotterdam 2:2

29. September 1999
Boavista Porto – Feyenoord Rotterdam 1:1
Rosenborg Trondheim – Borussia Dortmund 2:2

19. Oktober 1999
Borussia Dortmund – Rosenborg Trondheim 0:3
Feyenoord Rotterdam – Boavista Porto 1:1

27. Oktober 1999
Rosenborg Trondheim – Boavista Porto 2:0
Borussia Dortmund – Feyenoord Rotterdam 1:1

2. November 1999
Boavista Porto – Borussia Dortmund 1:0
Feyenoord Rotterdam – Rosenborg Trondheim 1:0

Team	Spiele	S	U	N	T	P
1. **Rosenborg Trondheim**	6	3	2	1	12:5	**11**
2. **Feyenoord Rotterdam**	6	1	5	0	7:6	8
3. Borussia Dortmund	6	1	3	2	7:9	6
4. Boavista Porto	6	1	2	3	4:10	5

Gruppe B

14. September 1999
AIK Solna – FC Barcelona 1:2
AC Florenz – FC Arsenal 0:0

22. September 1999
FC Arsenal – AIK Solna 3:1
FC Barcelona – AC Florenz 4:2

29. September 1999
FC Barcelona – FC Arsenal 1:1
AIK Solna – AC Florenz 0:0

19. Oktober 1999
FC Arsenal – FC Barcelona 2:4
AC Florenz – AIK Solna 3:0

27. Oktober 1999
FC Arsenal – AC Florenz 0:1
FC Barcelona – AIK Solna 5:0

2. November 1999
AIK Solna – FC Arsenal 2:3
AC Florenz – FC Barcelona 3:3

Team	Spiele	S	U	N	T	P
1. **FC Barcelona**	6	4	2	0	19:9	**14**
2. **AC Florenz**	6	2	3	1	9:7	9
3. FC Arsenal	6	2	2	2	9:9	8
4. AIK Solna	6	0	1	5	4:16	1

Gruppe D

14. September 1999
Manchester United – Croatia Zagreb 0:0
Olympique Marseille – SK Sturm Graz 2:0

22. September 1999
SK Sturm Graz – Manchester United 0:3
Croatia Zagreb – Olympique Marseille 1:2

29. September 1999
Manchester United – Olympique Marseille 2:1
Croatia Zagreb – SK Sturm Graz 3:0

19. Oktober 1999
SK Sturm Graz – Croatia Zagreb 1:0
Olympique Marseille – Manchester United 1:0

27. Oktober 1999
Croatia Zagreb – Manchester United 1:2
SK Sturm Graz – Olympique Marseille 3:2

2. November 1999
Manchester United – SK Sturm Graz 2:1
Olympique Marseille – Croatia Zagreb 2:2

Team	Spiele	S	U	N	T	P
1. **Manchester United**	6	4	1	1	9:4	**13**
2. **Olympique Marseille**	6	3	1	2	10:8	**10**
3. SK Sturm Graz	6	2	0	4	5:12	6
4. Croatia Zagreb	6	1	2	3	7:7	5

Gruppe E

15. September 1999
Molde FK – FC Porto 0:1
Olympiakos Piräus – Real Madrid 3:3

21. September 1999
FC Porto – Olympiakos Piräus 2:0
Real Madrid – Molde FK 4:1

28. September 1999
Real Madrid – FC Porto 3:1
Olympiakos Piräus – Molde FK 3:1

20. Oktober 1999
FC Porto – Real Madrid 2:1
Molde FK – Olympiakos Piräus 3:2

26. Oktober 1999
FC Porto – Molde FK 3:1
Real Madrid – Olympiakos Piräus 3:0

3. November 1999
Molde FK – Real Madrid 0:1
Olympiakos Piräus – FC Porto 1:0

Team	Spiele	S	U	N	T	P
1. **Real Madrid**	6	4	1	1	15:7	**13**
2. **FC Porto**	6	4	0	2	9:6	**12**
3. Olympiakos Piräus	6	2	1	3	9:12	7
4. Molde FK	6	1	0	5	6:14	3

Gruppe F

15. September 1999
FC Bayern München – PSV Eindhoven 2:1
FC Valencia – Glasgow Rangers 2:0

21. September 1999
Glasgow Rangers – FC Bayern München 1:1
PSV Eindhoven – FC Valencia 1:1

28. September 1999
PSV Eindhoven – Glasgow Rangers 0:1
FC Bayern München – FC Valencia 1:1

20. Oktober 1999
Glasgow Rangers – PSV Eindhoven 4:1
FC Valencia – FC Bayern München 1:1

26. Oktober 1999
Glasgow Rangers – FC Valencia 1:2
PSV Eindhoven – FC Bayern München 2:1

3. November 1999
FC Valencia – PSV Eindhoven 1:0
FC Bayern München – Glasgow Rangers 1:0

Team	Spiele	S	U	N	T	P
1. **FC Valencia**	6	3	3	0	8:4	**12**
2. **FC Bayern München**	6	2	3	1	7:6	**9**
3. Glasgow Rangers	6	2	1	3	7:7	7
4. PSV Eindhoven	6	1	1	4	5:10	4

Gruppe G

15. September 1999
Sparta Prag – Girondins Bordeaux 0:0
Willem II Tilburg – Spartak Moskau 1:3

21. September 1999
Spartak Moskau – Sparta Prag 1:1
Girondins Bordeaux – Willem II Tilburg 3:2

28. September 1999
Girondins Bordeaux – Spartak Moskau 2:1
Sparta Prag – Willem II Tilburg 4:0

20. Oktober 1999
Spartak Moskau – Girondins Bordeaux 1:2
Willem II Tilburg – Sparta Prag 3:4

26. Oktober 1999
Spartak Moskau – Willem II Tilburg 1:1
Girondins Bordeaux – Sparta Prag 0:0

3. November 1999
Sparta Prag – Spartak Moskau 5:2
Willem II Tilburg – Girondins Bordeaux 0:0

Team	Spiele	S	U	N	T	P
1. **Sparta Prag**	6	3	3	0	14:6	**12**
2. **Girondins Bordeaux**	6	3	3	0	7:4	**12**
3. Spartak Moskau	6	1	2	3	9:12	5
4. Willem II Tilburg	6	0	2	4	7:15	2

Gruppe H

15. September 1999
FC Chelsea – AC Mailand 0:0
Galatasaray Istanbul – Hertha BSC 2:2

21. September 1999
Hertha BSC – FC Chelsea 2:1
AC Mailand – Galatasaray Istanbul 2:1

28. September 1999
FC Chelsea – Galatasaray Istanbul 1:0
AC Mailand – Hertha BSC 1:1

20. Oktober 1999
Hertha BSC – AC Mailand 1:0
Galatasaray Istanbul – FC Chelsea 0:5

26. Oktober 1999
AC Mailand – FC Chelsea 1:1
Hertha BSC – Galatasaray Istanbul 1:4

3. November 1999
FC Chelsea – Hertha BSC 2:0
Galatasaray Istanbul – AC Mailand 3:2

Team	Spiele	S	U	N	T	P
1. **FC Chelsea**	6	3	2	1	10:3	**11**
2. **Hertha BSC**	6	2	2	2	7:10	**8**
3. Galatasaray Istanbul	6	2	1	3	10:13	7
4. AC Mailand	6	1	3	2	6:7	6

2. GRUPPENPHASE

Gruppe A

23. November 1999
Hertha BSC – FC Barcelona 1:1
Sparta Prag – FC Porto 0:2

8. Dezember 1999
FC Porto – Hertha BSC 1:0
FC Barcelona – Sparta Prag 5:0

1. März 2000
FC Barcelona – FC Porto 4:2
Hertha BSC – Sparta Prag 1:1

7. März 2000
FC Porto – FC Barcelona 0:2
Sparta Prag – Hertha BSC 1:0

15. März 2000
FC Porto – Sparta Prag 2:2
FC Barcelona – Hertha BSC 3:1

21. März 2000
Sparta Prag – FC Barcelona 1:2
Hertha BSC – FC Porto 0:1

Team	Spiele	S	U	N	T	P
1. **FC Barcelona**	6	5	1	0	17:5	**16**
2. **FC Porto**	6	3	1	2	8:6	**10**
3. Sparta Prag	6	1	2	3	5:12	7
4. Hertha BSC	6	0	2	4	3:8	2

Gruppe B

23. November 1999
AC Florenz – Manchester United 2:0
FC Valencia – Girondins Bordeaux 3:0

8. Dezember 1999
Manchester United – FC Valencia 3:0
Girondins Bordeaux – AC Florenz 0:0

1. März 2000
Manchester United – Girondins Bordeaux 2:0
AC Florenz – FC Valencia 1:0

7. März 2000
Girondins Bordeaux – Manchester United 1:2
FC Valencia – AC Florenz 2:0

15. März 2000
Manchester United – AC Florenz 3:1
Girondins Bordeaux – FC Valencia 1:4

21. März 2000
AC Florenz – Girondins Bordeaux 3:3
FC Valencia – Manchester United 0:0

Team	Spiele	S	U	N	T	P
1. **Manchester United**	6	4	1	1	10:4	**13**
2. **FC Valencia**	6	3	1	2	9:5	**10**
3. AC Florenz	6	2	2	2	7:8	**8**
4. Girondins Bordeaux	6	0	2	4	5:14	2

Gruppe C

24. November 1999

Dynamo Kiew – Real Madrid	1:2
Rosenborg Trondheim – FC Bayern München	1:1

7. Dezember 1999

FC Bayern München – Dynamo Kiew	2:1
Real Madrid – Rosenborg Trondheim	3:1

29. Februar 2000

Dynamo Kiew – Rosenborg Trondheim	2:1
Real Madrid – FC Bayern München	2:4

8. März 2000

FC Bayern München – Real Madrid	4:1
Rosenborg Trondheim – Dynamo Kiew	1:2

14. März 2000

Real Madrid – Dynamo Kiew	2:2
FC Bayern München – Rosenborg Trondheim	2:1

22. März 2000

Dynamo Kiew – FC Bayern München	2:0
Rosenborg Trondheim – Real Madrid	0:1

Team	Spiele	S	U	N	T	P
1. **FC Bayern München**	6	4	1	1	13:8	**13**
2. **Real Madrid**	6	3	1	2	11:12	**10**
3. Dynamo Kiew	6	3	1	2	10:8	**10**
4. Rosenborg Trondheim	6	0	1	5	5:11	**1**

Gruppe D

24. November 1999

FC Chelsea – Feyenoord Rotterdam	3:1
Olympique Marseille – Lazio Rom	0:2

7. Dezember 1999

Feyenoord Rotterdam – Olympique Marseille	3:0
Lazio Rom – FC Chelsea	0:0

29. Februar 2000

Lazio Rom – Feyenoord Rotterdam	1:2
Olympique Marseille – FC Chelsea	1:0

8. März 2000

FC Chelsea – Olympique Marseille	1:0
Feyenoord Rotterdam – Lazio Rom	0:0

14. März 2000

Lazio Rom – Olympique Marseille	5:1
Feyenoord Rotterdam – FC Chelsea	1:3

22. März 2000

FC Chelsea – Lazio Rom	1:2
Olympique Marseille – Feyenoord Rotterdam	0:0

Team	Spiele	S	U	N	T	P
1. **Lazio Rom**	6	3	2	1	10:4	**11**
2. **FC Chelsea**	6	3	1	2	8:5	**10**
3. Feyenoord Rotterdam	6	2	2	2	7:7	**8**
4. Olympique Marseille	6	1	1	4	2:11	**4**

VIERTELFINALE

Die Hinspiele fanden am 4./5. April, die Rückspiele am 18./19. März 2000 statt.

Real Madrid – Manchester United	0:0	3:2
FC Porto – **FC Bayern München**	1:1	1:2
FC Chelsea – **FC Barcelona**	3:1	1:5
FC Valencia – Lazio Rom	5:2	0:1

HALBFINALE

Die Hinspiele fanden am 2./3. Mai, die Rückspiele am 9./10. Mai 2000 statt.

FC Valencia – FC Barcelona	4:1	1:2
Real Madrid – FC Bayern München	2:0	1:2

FINALE

Das Finale fand am 24. Mai 2000 statt.

Real Madrid – FC Valencia	3:0

Wasser? Champagner? Wodka? Egal. Kapitän Fernando Redondo hat so oder so Spaß mit dem Pokal, den er kurz zuvor gegen den FC Valencia gewonnen haben.

QUALIFIKATION

1. Qualifikationsrunde

	Hin	Rück
Beitar Jerusalem – B36 Tórshavn	4:1	1:0
Cliftonville FC – **1. FC Kosice**	1:5	0:8
Skonto Riga – FK Dinamo Minsk	0:0	2:1
Celtic Glasgow – St Patrick's Athletic	0:0	2:0
FK Obilić – ÍB Vestmannaeyja	2:0	2:1
HJK Helsinki – FC Eriwan	2:0	3:0
Litex Lowetsch – Halmstads BK	2:0	1:2
Steaua Bukarest – FC Flora Tallinn	4:1	1:3
Łódzki KS – FK Ganca	4:1	3:1
Kareda Šiauliai – **NK Maribor**	0:3	0:1
Dinamo Tiflis – KS Vllaznia Shkodra	3:0	1:3
FC Valletta – **Anorthosis Famagusta**	0:2	0:6
Zimbru Chişinău – **Újpest Budapest**	1:0	1:3
Grasshopper-Club Zürich – Jeunesse Esch	6:0	2:0
Dynamo Kiew – Barry Town	8:0	2:1
Sileks Kratovo – **FC Brügge**	0:0	1:2

2. Qualifikationsrunde

	Hin	Rück
Rosenborg Trondheim – FC Brügge	2:0	2:4
Manchester United – Lódzki KS	2:0	0:0
Litex Lowetsch – **Spartak Moskau**	0:5	2:6
Galatasaray Istanbul – Grasshopper-Club Zürich	2:1	3:2
Celtic Glasgow – **Croatia Zagreb**	1:0	0:3
NK Maribor – **PSV Eindhoven**	2:1	1:4 n.V.
Dynamo Kiew – Sparta Prag	0:1	1:0 n.V. 3:1 i. E.
1. FC Kosice – **Brøndby IF**	0:2	1:0
Inter Mailand – Skonto Riga	4:0	3:1
Olympiakos Piräus – Anorthosis Famagusta	2:1	4:2
Benfica Lissabon – Beitar Jerusalem	6:0	2:4
Dinamo Tiflis – **Athletic Bilbao**	2:1	0:1
HJK Helsinki – FC Metz	1:0	1:1
FC Bayern München – FK Obilić	4:0	1:1
SK Sturm Graz – Újpest Budapest	4:0	3:2
Steaua Bukarest – **Panathinaikos Athen**	2:2	3:6

GRUPPENPHASE

Gruppe A

16. September 1998
Croatia Zagreb – Ajax Amsterdam 0:0
FC Porto – Olympiakos Piräus 2:2

30. September 1998
Ajax Amsterdam – FC Porto 2:1
Olympiakos Piräus – Croatia Zagreb 2:0

21. Oktober 1998
Olympiakos Piräus – Ajax Amsterdam 1:0
FC Porto – Croatia Zagreb 3:0

4. November 1998
Ajax Amsterdam – Olympiakos Piräus 2:0
Croatia Zagreb – FC Porto 3:1

25. November 1998
Ajax Amsterdam – Croatia Zagreb 0:1
Olympiakos Piräus – FC Porto 2:1

9. Dezember 1998
Croatia Zagreb – Olympiakos Piräus 1:1
FC Porto – Ajax Amsterdam 3:0

Team	Spiele	S	U	N	T	P
1. **Olympiakos Piräus**	6	3	2	1	8:6	11
2. Croatia Zagreb	6	2	2	2	5:7	8
3. FC Porto	6	2	1	3	11:9	7
4. Ajax Amsterdam	6	2	1	3	4:6	7

Gruppe B

16. September 1998
Athletic Bilbao – Rosenborg Trondheim 1:1
Juventus Turin – Galatasaray Istanbul 2:2

30. September 1998
Galatasaray Istanbul – Athletic Bilbao 2:1
Rosenborg Trondheim – Juventus Turin 1:1

21. Oktober 1998
Atletic Bilbao – Juventus Turin 0:0
Rosenborg Trondheim – Galatasaray Istanbul 3:0

4. November 1998
Galatasaray Istanbul – Rosenborg Trondheim 3:0
Juventus Turin – Athletic Bilbao 1:1

25. November 1998
Rosenborg Trondheim – Athletic Bilbao 2:1

2. Dezember 1998
Galatasaray Istanbul – Juventus Turin 1:1

9. Dezember 1998
Athletic Bilbao – Galatasaray Istanbul 1:0
Juventus Turin – Rosenborg Trondheim 2:0

Team	Spiele	S	U	N	T	P
1. **Juventus Turin**	6	1	5	0	7:5	8
2. Galatasaray Istanbul	6	2	2	2	8:8	8
3. Rosenborg Trondheim	6	2	2	2	7:8	8
4. Athletic Bilbao	6	1	3	2	5:6	6

Gruppe C

16. September 1998
Real Madrid – Inter Mailand 2:0
SK Sturm Graz – Spartak Moskau 0:2

30. September 1998
Inter Mailand – SK Sturm Graz 1:0
Spartak Moskau – Real Madrid 2:1

21. Oktober 1998
Inter Mailand – Spartak Moskau 2:1
Real Madrid – SK Sturm Graz 6:1

4. November 1998
Spartak Moskau – Inter Mailand 1:1
SK Sturm Graz – Real Madrid 1:5

25. November 1998
Inter Mailand – Real Madrid 3:1
Spartak Moskau – SK Sturm Graz 0:0

9. Dezember 1998
Real Madrid – Spartak Moskau 2:1
SK Sturm Graz – Inter Mailand 0:2

Team	Spiele	S	U	N	T	P
1. **Inter Mailand**	6	4	1	1	9:5	13
2. **Real Madrid**	6	4	0	2	17:8	12
3. Spartak Moskau	6	2	2	2	7:6	8
4. SK Sturm Graz	6	0	1	5	2:16	1

Gruppe D

16. September 1998
Brøndby IF – FC Bayern München 2:1
Manchester United – FC Barcelona 3:3

30. September 1998
FC Bayern München – Manchester United 2:2
FC Barcelona – Brøndby IF 2:0

21. Oktober 1998
FC Bayern München – FC Barcelona 1:0
Brøndby IF – Manchester United 2:6

4. November 1998
FC Barcelona – FC Bayern München 1:2
Manchester United – Brøndby IF 5:0

25. November 1998
FC Bayern München – Brøndby IF 2:0
FC Barcelona – Manchester United 3:3

9. Dezember 1998
Brøndby IF – FC Barcelona 0:2
Manchester United – FC Bayern München 1:1

Team	Spiele	S	U	N	T	P
1. **FC Bayern München**	6	3	2	1	9:6	11
2. **Manchester United**	6	2	4	0	20:11	10
3. FC Barcelona	6	2	2	2	11:9	8
4. Brøndby IF	6	1	0	5	4:18	3

Gruppe E

16. September 1998

Panathinaikos Athen – Dynamo Kiew	2:1
RC Lens – FC Arsenal	1:1

30. September 1998

FC Arsenal – Panathinaikos Athen	2:1
Dynamo Kiew – RC Lens	1:1

21. Oktober 1998

FC Arsenal – Dynamo Kiew	1:1
RC Lens – Panathinaikos Athen	1:0

4. November 1998

Dynamo Kiew – FC Arsenal	3:1
Panathinaikos Athen – RC Lens	1:0

25. November 1998

FC Arsenal – RC Lens	0:1
Dynamo Kiew – Panathinaikos Athen	2:1

9. Dezember 1998

Panathinaikos Athen – FC Arsenal	1:3
RC Lens – Dynamo Kiew	1:3

Team	Spiele	S	U	N	T	P
1. **Dynamo Kiew**	6	3	2	1	11:7	**11**
2. RC Lens	6	2	2	2	5:6	8
3. FC Arsenal	6	2	2	2	8:8	8
4. Panathinaikos Athen	6	2	0	4	6:9	6

Gruppe F

16. September 1998

1. FC Kaiserslautern – Benfica Lissabon	1:0
PSV Eindhoven – HJK Helsinki	2:1

30. September 1998

HJK Helsinki – 1. FC Kaiserslautern	0:0
Benfica Lissabon – PSV Eindhoven	2:1

21. Oktober 1998

HJK Helsinki – Benfica Lissabon	2:0
PSV Eindhoven – 1. FC Kaiserslautern	1:2

4. November 1998

1. FC Kaiserslautern – PSV Eindhoven	3:1
Benfica Lissabon – HJK Helsinki	2:2

25. November 1998

HJK Helsinki – PSV Eindhoven	1:3
Benfica Lissabon – 1. FC Kaiserslautern	2:1

9. Dezember 1998

1. FC Kaiserslautern – HJK Helsinki	5:2
PSV Eindhoven – Benfica Lissabon	2:2

Team	Spiele	S	U	N	T	P
1. **1. FC Kaiserslautern**	6	4	1	1	12:6	**13**
2. Benfica Lissabon	6	2	2	2	8:9	8
3. PSV Eindhoven	6	2	1	3	10:11	7
4. HJK Helsinki	6	1	2	3	8:12	5

VIERTELFINALE

Die Hinspiele fanden am 3., die Rückspiele am 17. März 1999 statt.

Real Madrid – **Dynamo Kiew**	1:1	0:2
Manchester United – Inter Mailand	2:0	1:1
Juventus Turin – Olympiakos Piräus	2:1	1:1
FC Bayern München – 1. FC Kaiserslautern	2:0	4:0

HALBFINALE

Die Hinspiele fanden am 7., die Rückspiele am 21. April 1999 statt.

Manchester United – Juventus Turin	1:1	3:2
Dynamo Kiew – **FC Bayern München**	3:3	0:1

FINALE

Das Finale fand am 26. Mai 1999 statt.

Manchester United – FC Bayern München	2:1

QUALIFIKATION

1. Qualifikationsrunde

	Hin	Rück
1. FC Košice – ÍA Akranes	3:0	1:0
FK Partizan Belgrad – **Croatia Zagreb**	1:0	0:5
FC Valletta – **Skonto Riga**	1:0	0:2
FC Pjunik Eriwan – **MTK Hungária FC**	0:2	3:4
Crusaders FC – **Dinamo Tiflis**	1:3	1:5
Sileks Kratovo – **Beitar Jerusalem**	1:0	0:3
Steaua Bukarest – ZSKA Sofia	3:3	2:0
FC Constructorul Chişinău – **MPKZ Masyr**	1:1	2:3
FC Lantana Tallinn – **FC Jazz Pori**	0:1	0:2
GÍ Gøta – **Glasgow Rangers**	0:5	0:6
Neftçi Baku – **Widzew Łódž**	0:2	0:8
Dynamo Kiew – Barry Town	2:0	4:0
FC Sion – Jeunesse Esch	4:0	1:0
Anorthosis Famagusta – Kareda Šiauliai	3:0	1:1
Derry City – **NK Maribor**	0:2	0:1

2. Qualifikationsrunde

	Hin	Rück
Beşiktaş Istanbul – NK Maribor	0:0	3:1
FC Sion – **Galatasaray Istanbul**	1:4	1:4
Olympiakos Piräus – MPKZ Masyr	5:0	2:2
SV Austria Salzburg – **Sparta Prag**	0:0	0:3
IFK Göteborg – Glasgow Rangers	3:0	1:1
FC Barcelona – Skonto Riga	3:2	1:0
Brøndby IF – **Dynamo Kiew**	2:4	1:0
Newcastle United – Croatia Zagreb	2:1	2:2 n.V.
Feyenoord Rotterdam – FC Jazz Pori	6:2	2:1
Bayer 04 Leverkusen – Dinamo Tiflis	6:1	0:1
Steaua Bukarest – **Paris Saint-Germain**	3:0[1]	0:5
Widzew Łódž – **AC Parma**	1:3	0:4
Beitar Jerusalem – **Sporting Lissabon**	0:0	0:3
Anorthosis Famagusta – **Lierse SK**	2:0	0:3
1. FC Košice – Spartak Moskau	2:1	0:0
MTK Hungária FC – **Rosenborg Trondheim**	0:1	1:3

1 Das Hinspiel endete eigentlich 3:2. Da Paris aber einen suspendierten Spieler einsetzte, wurde der Stand in 3:0 geändert.

GRUPPENPHASE

Gruppe A

17. September 1997
Galatasaray Istanbul – Borussia Dortmund 0:1
Sparta Prag – AC Parma 0:0

1. Oktober 1997
AC Parma – Galatasaray Istanbul 2:0
Borussia Dortmund – Sparta Prag 4:1

22. Oktober 1997
AC Parma– Borussia Dortmund 1:0
Sparta Prag – Galatasaray Istanbul 3:0

5. November 1997
Borussia Dortmund – AC Parma 2:0
Galatasaray Istanbul– Sparta Prag 2:0

27. November 1997
AC Parma – Sparta Prag 2:2
Borussia Dortmund – Galatasaray Istanbul 4:1

10. Dezember 1997
Sparta Prag – Borussia Dortmund 0:3
Galatasaray Istanbul – AC Parma 1:1

Team	Spiele	S	U	N	T	P
1. **Borussia Dortmund**	6	5	0	1	14:3	**15**
2. AC Parma	6	2	3	1	6:5	**9**
3. Sparta Prag	6	1	2	3	6:11	**5**
4. Galatasaray Istanbul	6	1	1	4	4:11	**4**

Gruppe B

17. September 1997
Juventus Turin – Feyenoord Rotterdam 5:1
1. FC Košice – Manchester United 0:3

1. Oktober 1997
Feyenoord Rotterdam – 1. FC Košice 2:0
Manchester United – Juventus Turin 3:2

22. Oktober 1997
Manchester United – Feyenoord Rotterdam 2:1
1. FC Košice – Juventus Turin 0:1

5. November 1997
Feyenoord Rotterdam – Manchester United 1:3
Juventus Turin – 1. FC Košice 3:2

26. November 1997
Feyenoord Rotterdam – Juventus Turin 2:0

27. November 1997
Manchester United – 1. FC Košice 3:0

10. Dezember 1997
1. FC Košice – Feyenoord Rotterdam 0:1
Juventus Turin – Manchester United 1:0

Team	Spiele	S	U	N	T	P
1. **Manchester United**	6	5	0	1	14:5	**15**
2. **Juventus Turin**	6	4	0	2	12:8	**12**
3. Feyenoord Rotterdam	6	3	0	3	8:10	**9**
4. 1. FC Košice	6	0	0	6	2:13	**0**

Gruppe C

17. September 1997
PSV Eindhoven – Dynamo Kiew 1:3
Newcastle United – FC Barcelona 3:2

1. Oktober 1997
FC Barcelona – PSV Eindhoven 2:2
Dynamo Kiew – Newcastle United 2:2

22. Oktober 1997
PSV Eindhoven – Newcastle United 1:0
Dynamo Kiew – FC Barcelona 3:0

5. November 1997
Newcastle United – PSV Eindhoven 0:2
FC Barcelona – Dynamo Kiew 0:4

26. November 1997
FC Barcelona – Newcastle United 1:0

27. November 1997
Dynamo Kiew – PSV Eindhoven 1:1

10. Dezember 1997
PSV Eindhoven – FC Barcelona 2:2
Newcastle United – Dynamo Kiew 2:0

Team	Spiele	S	U	N	T	P
1. **Dynamo Kiew**	6	3	2	1	13:6	**11**
2. PSV Eindhoven	6	2	3	1	9:8	**9**
3. Newcastle United	6	2	1	3	7:8	**7**
4. FC Barcelona	6	1	2	3	7:14	**5**

Gruppe D

17. September 1997
Real Madrid – Rosenborg Trondheim 4:1
Olympiakos Piräus – FC Porto 1:0

1. Oktober 1997
FC Porto – Real Madrid 0:2
Rosenborg Trondheim – Olympiakos Piräus 5:1

22. Oktober 1997
Rosenborg Trondheim – FC Porto 2:0
Real Madrid – Olympiakos Piräus 5:1

5. November 1997
FC Porto – Rosenborg Trondheim 1:1
Olympiakos Piräus – Real Madrid 0:0

27. November 1997
Rosenborg Trondheim – Real Madrid 2:0
FC Porto – Olympiakos Piräus 2:1

10. Dezember 1997
Real Madrid – FC Porto 4:0
Olympiakos Piräus – Rosenborg Trondheim 2:2

Team	Spiele	S	U	N	T	P
1. **Real Madrid**	6	4	1	1	15:4	**13**
2. Rosenborg Trondheim	6	3	2	1	13:8	**11**
3. Olympiakos Piräus	6	1	2	3	6:14	**5**
4. FC Porto	6	1	1	4	3:11	**4**

Gruppe E

17. September 1997

FC Bayern München – Beşiktaş Istanbul	2:0
Paris Saint-Germain – IFK Göteborg	3:0

1. Oktober 1997

IFK Göteborg – FC Bayern München	1:3
Beşiktaş Istanbul – Paris Saint-Germain	3:1

22. Oktober 1997

Beşiktaş Istanbul – IFK Göteborg	1:0
FC Bayern München – Paris Saint-Germain	5:1

5. November 1997

IFK Göteborg – Beşiktaş Istanbul	2:1
Paris Saint-Germain – FC Bayern München	3:1

26. November 1997

Beşiktaş Istanbul – FC Bayern München	0:2
IFK Göteborg – Paris Saint-Germain	0:1

10. Dezember 1997

FC Bayern München – IFK Göteborg	0:1
Paris Saint-Germain – Beşiktaş Istanbul	2:1

Team	Spiele	S	U	N	T	P
1. **FC Bayern München**	6	4	0	2	13:6	**12**
2. Paris Saint-Germain	6	4	0	2	11:10	**12**
3. Beşiktaş Istanbul	6	2	0	4	6:9	**6**
4. IFK Göteborg	6	2	0	4	4:9	**6**

Gruppe F

17. September 1997

Sporting Lissabon – AS Monaco	3:0
Bayer 04 Leverkusen – Lierse SK	1:0

1. Oktober 1997

AS Monaco – Bayer 04 Leverkusen	4:0
Lierse SK – Sporting Lissabon	1:1

22. Oktober 1997

AS Monaco – Lierse SK	5:1
Sporting Lissabon – Bayer 04 Leverkusen	0:2

5. November 1997

Lierse SK – AS Monaco	0:1
Bayer 04 Leverkusen – Sporting Lissabon	4:1

26. November 1997

AS Monaco – Sporting Lissabon	3:2
Lierse SK – Bayer 04 Leverkusen	0:2

10. Dezember 1997

Sporting Lissabon – Lierse SK	2:1
Bayer 04 Leverkusen – AS Monaco	2:2

Team	Spiele	S	U	N	T	P
1. **AS Monaco**	6	4	1	1	15:8	**13**
2. **Bayer 04 Leverkusen**	6	4	1	1	11:7	**13**
3. Sporting Lissabon	6	2	1	3	9:11	**7**
4. Lierse SK	6	0	1	5	3:12	**1**

VIERTELFINALE

Die Hinspiele fanden am 4., die Rückspiele am 18. März 1998 statt.

Bayer 04 Leverkusen – **Real Madrid**	1:1	0:3
Juventus Turin – Dynamo Kiew	1:1	4:1
FC Bayern München – **Borussia Dortmund**	0:0	0:1 n.V.
AS Monaco – Manchester United	0:0	1:1

HALBFINALE

Die Hinspiele fanden am 1., die Rückspiele am 15. April 1998 statt.

Juventus Turin – AS Monaco	4:1	2:3
Real Madrid – Borussia Dortmund	2:0	0:0

FINALE

Das Finale fand am 20. Mai 1998 statt.

Juventus Turin – **Real Madrid** 0:1

QUALIFIKATION

	Hin	Rück
Maccabi Tel Aviv – **Fenerbahçe Istanbul**	1:1	0:1
Glasgow Rangers – Russia Alanija Wladikawkas	3:1	7:2
Panathinaikos Athen – **Rosenborg Trondheim**	1:0	0:3 n.V.
IFK Göteborg – Ferencváros Budapest	3:0	1:1
Widzew Łódż – Brøndby IF	2:1	2:3
Grasshopper-Club Zürich – Slavia Prag	5:0	1:0
FC Brügge – **Steaua Bukarest**	2:2	0:3
SK Rapid Wien – Dynamo Kiew	2:0	4:2

GRUPPENPHASE

Gruppe A

11. September 1996
AJ Auxerre – Ajax Amsterdam 0:1
Grasshopper-Club Zürich – Glasgow Rangers 3:0

25. September 1996
Glasgow Rangers – AJ Auxerre 1:2
Ajax Amsterdam – Grasshopper-Club Zürich 0:1

16. Oktober 1996
AJ Auxerre – Grasshopper-Club Zürich 1:0
Ajax Amsterdam – Glasgow Rangers 4:1

30. Oktober 1996
Grasshopper-Club Zürich – AJ Auxerre 3:1
Glasgow Rangers – Ajax Amsterdam 0:1

20. November 1996
Glasgow Rangers – Grasshopper-Club Zürich 2:1
Ajax Amsterdam – AJ Auxerre 1:2

4. Dezember 1996
AJ Auxerre – Glasgow Rangers 2:1
Grasshopper-Club Zürich – Ajax Amsterdam 0:1

Team	Spiele	S	U	N	T	P
1. **AJ Auxerre**	6	4	0	2	8:7	**12**
2. **Ajax Amsterdam**	6	4	0	2	8:4	**12**
3. Grasshopper-Club Zürich	6	3	0	3	8:5	9
4. Glasgow Rangers	6	1	0	5	5:13	3

GRUPPENPHASE

Gruppe B

11. September 1996
Atlético Madrid – Steaua Bukarest 4:0
Borussia Dortmund – Widzew Łódż 2:1

25. September 1996
Widzew Łódż – Atlético Madrid 1:4
Steaua Bukarest – Borussia Dortmund 0:3

16. Oktober 1996
Atlético Madrid – Borussia Dortmund 0:1
Steaua Bukarest – Widzew Łódż 1:0

30. Oktober 1996
Borussia Dortmund – Atlético Madrid 1:2
Widzew Łódż – Steaua Bukarest 2:0

20. November 1996
Widzew Łódż – Borussia Dortmund 2:2
Steaua Bukarest – Atlético Madrid 1:1

4. Dezember 1996
Atlético Madrid – Widzew Łódż 1:0
Borussia Dortmund – Steaua Bukarest 5:3

Team	Spiele	S	U	N	T	P
1. **Atlético Madrid**	6	4	1	1	12:4	**13**
2. **Borussia Dortmund**	6	4	1	1	14:8	**13**
3. Widzew Łódż	6	1	1	4	6:10	4
4. Steaua Bukarest	6	1	1	4	5:15	4

Gruppe C

11. September 1996
SK Rapid Wien – Fenerbahçe Istanbul 1:1
Juventus Turin – Manchester United 1:0

25. September 1996
Manchester United – SK Rapid Wien 2:0
Fenerbahçe Istanbul – Juventus Turin 0:1

16. Oktober 1996
SK Rapid Wien – Juventus Turin 1:1
Fenerbahçe Istanbul – Manchester United 0:2

30. Oktober 1996
Juventus Turin – SK Rapid Wien 5:0
Manchester United – Fenerbahçe Istanbul 0:1

20. November 1996
Manchester United – Juventus Turin 0:1
Fenerbahçe Istanbul – SK Rapid Wien 1:0

4. Dezember 1996
SK Rapid Wien – Manchester United 0:2
Juventus Turin – Fenerbahçe Istanbul 2:0

Team	Spiele	S	U	N	T	P
1. **Juventus Turin**	6	5	1	0	11:1	**16**
2. **Manchester United**	6	3	0	3	6:3	**9**
3. Fenerbahçe Istanbul	6	2	1	3	3:6	7
4. SK Rapid Wien	6	0	2	4	2:12	2

Gruppe D

11. September 1996
IFK Göteborg – Rosenborg Trondheim 2:3
AC Mailand – FC Porto 2:3

25. September 1996
FC Porto – IFK Göteborg 2:1
Rosenborg Trondheim – AC Mailand 1:4

16. Oktober 1996
IFK Göteborg – AC Mailand 2:1
Rosenborg Trondheim – FC Porto 0:1

30. Oktober 1996
AC Mailand – IFK Göteborg 4:2
FC Porto – Rosenborg Trondheim 3:0

20. November 1996
FC Porto – AC Mailand 1:1
Rosenborg Trondheim – IFK Göteborg 1:0

4. Dezember 1996
IFK Göteborg – FC Porto 0:2
AC Mailand – Rosenborg Trondheim 1:2

Team	Spiele	S	U	N	T	P
1. **FC Porto**	6	5	1	0	12:4	**16**
2. **Rosenborg Trondheim**	6	3	0	3	7:11	**9**
3. AC Mailand	6	2	1	3	13:11	7
4. IFK Göteborg	6	1	0	5	7:13	3

VIERTELFINALE

Die Hinspiele fanden am 5. März, die Rückspiele am 19. März 1997 statt.

Borussia Dortmund – AJ Auxerre	3:1	1:0
Manchester United – FC Porto	4:0	0:0
Ajax Amsterdam – Atlético Madrid	1:1	3:2 n.V.
Rosenborg Trondheim – **Juventus Turin**	1:1	0:2

HALBFINALE

Die Hinspiele fanden am 9. April, die Rückspiele am 23. April 1997 statt.

Borussia Dortmund – Manchester United	1:0	1:0
Ajax Amsterdam – **Juventus Turin**	1:2	1:4

FINALE

Das Finale fand am 28. Mai 1997 statt.

Borussia Dortmund – Juventus Turin 3:1

SAISON 1995/96

QUALIFIKATION

	Hin	Rück
Grasshopper-Club Zürich – Maccabi Tel Aviv	1:1	1:0
Glasgow Rangers – Anorthosis Famagusta	1:0	0:0
Legia Warschau – IFK Göteborg	1:0	2:1
SV Austria Salzburg – **Steaua Bukarest**	0:0	0:1
Dynamo Kiew – **Aalborg BK**	1:0	3:1[1]
Rosenborg Trondheim – Beşiktaş Istanbul	3:0	1:3
RSC Anderlecht – **Ferencváros Budapest**	0:1	1:1
Panathinaikos Athen – Hajduk Split	0:0	1:1

1 Dynamo Kiew wurde wegen Schiedsrichterbestechung ausgeschlossen, Aalborg BK kam somit in die Gruppenphase.

GRUPPENPHASE

Gruppe A

13. September 1995
FC Nantes – FC Porto 0:0

27. September 1995
Panathinaikos Athen – FC Nantes 3:1
FC Porto – Aalborg BK 2:0

18. Oktober 1995
FC Porto – Panathinaikos Athen 0:1
FC Nantes – Aalborg BK 3:1

25. Oktober 1995
Aalborg BK – Panathinaikos Athen 2:1

1. November 1995
Panathinaikos Athen – FC Porto 0:0
Aalborg BK – FC Nantes 0:2

22. November 1995
FC Porto – FC Nantes 2:2
Panathinaikos Athen – Aalborg BK 2:0

6. Dezember 1995
FC Nantes – Panathinaikos Athen 0:0
Aalborg BK – FC Porto 2:2

Team	Spiele	S	U	N	T	P
1. **Panathinaikos Athen**	6	3	2	1	7:3	**11**
2. **FC Nantes**	6	2	3	1	8:6	9
3. FC Porto	6	1	4	1	6:5	7
4. Aalborg BK	6	1	1	4	5:12	4

GRUPPENPHASE

Gruppe B

13. September 1995
Legia Warschau – Rosenborg Trondheim 3:1
Blackburn Rovers – Spartak Moskau 0:1

27. September 1995
Spartak Moskau – Legia Warschau 2:1
Rosenborg Trondheim – Blackburn Rovers 2:1

18. Oktober 1995
Legia Warschau – Blackburn Rovers 1:0
Rosenborg Trondheim – Spartak Moskau 2:4

1. November 1995
Blackburn Rovers – Legia Warschau 0:0
Spartak Moskau – Rosenborg Trondheim 4:1

22. November 1995
Rosenborg Trondheim – Legia Warschau 4:0
Spartak Moskau – Blackburn Rovers 3:0

6. Dezember 1995
Legia Warschau – Spartak Moskau 0:1
Blackburn Rovers – Rosenborg Trondheim 4:1

Team	Spiele	S	U	N	T	P
1. **Spartak Moskau**	6	6	0	0	15:4	**18**
2. **Legia Warschau**	6	2	1	3	5:8	7
3. Rosenborg Trondheim	6	2	0	4	11:16	6
4. Blackburn Rovers	6	1	1	4	5:8	4

Gruppe C

13. September 1995
Steaua Bukarest – Glasgow Rangers 1:0
Borussia Dortmund – Juventus Turin 1:3

27. September 1995
Juventus Turin – Steaua Bukarest 3:0
Glasgow Rangers – Borussia Dortmund 2:2

18. Oktober 1995
Borussia Dortmund – Steaua Bukarest 1:0
Juventus Turin – Glasgow Rangers 4:1

1. November 1995
Steaua Bukarest – Borussia Dortmund 0:0
Glasgow Rangers – Juventus Turin 0:4

22. November 1995
Glasgow Rangers – Steaua Bukarest 1:1
Juventus Turin – Borussia Dortmund 1:2

6. Dezember 1995
Steaua Bukarest – Juventus Turin 0:0
Borussia Dortmund – Glasgow Rangers 2:2

Team	Spiele	S	U	N	T	P
1. **Juventus Turin**	6	4	1	1	15:4	**13**
2. **Borussia Dortmund**	6	2	3	1	8:8	9
3. Steaua Bukarest	6	1	3	2	2:5	6
4. Glasgow Rangers	6	0	3	3	6:14	3

Gruppe D

13. September 1995
Ajax Amsterdam – Real Madrid 1:0
Grasshopper-C. Zürich – Ferencváros Budapest 0:3

27. September 1995
Ferencváros Budapest – Ajax Amsterdam 1:5
Real Madrid – Grasshopper-Club Zürich 2:0

18. Oktober 1995
Ajax Amsterdam – Grasshopper-Club Zürich 3:0
Real Madrid – Ferencváros Budapest 6:1

1. November 1995
Grasshopper-Club Zürich – Ajax Amsterdam 0:0
Ferencváros Budapest – Real Madrid 1:1

22. November 1995
Real Madrid – Ajax Amsterdam 0:2
Ferencváros Budapest – Grasshopper-C. Zürich 3:3

6. Dezember 1995
Ajax Amsterdam – Ferencváros Budapest 4:0
Grasshopper-Club Zürich – Real Madrid 0:2

Team	Spiele	S	U	N	T	P
1. **Ajax Amsterdam**	6	5	1	0	15:1	**16**
2. **Real Madrid**	6	3	1	2	11:5	**10**
3. Ferencváros Budapest	6	1	2	3	9:19	5
4. Grasshopper-Club Zürich	6	0	2	4	3:13	2

VIERTELFINALE

Die Hinspiele fanden am 5. März, die Rückspiele am 20. März 1996 statt.

Borussia Dortmund – **Ajax Amsterdam**	0:2	0:1
Real Madrid – **Juventus Turin**	1:0	0:2
Legia Warschau – **Panathinaikos Athen**	0:0	0:3
FC Nantes – Spartak Moskau	2:0	2:2

HALBFINALE

Die Hinspiele fanden am 3. April, die Rückspiele am 17. April 1996 statt.

Ajax Amsterdam – Panathinaikos Athen	0:1	3:0
Juventus Turin – FC Nantes	2:0	2:3

FINALE

Das Finale fand am 22. Mai 1996 statt.

Juventus Turin – Ajax Amsterdam 5:3 i. E.

QUALIFIKATION

	Hin	Rück
Steaua Bukarest – Servette Genf	4:1	1:1
Sparta Prag – **IFK Göteborg**	1:0	0:2
FC Avenir Beggen – **Galatasaray Istanbul**	1:5	0:4
Paris Saint-Germain – Váci FC	3:0	2:1
Maccabi Haifa – **SV Austria Salzburg**	1:2	1:3
AEK Athen – Glasgow Rangers	2:0	1:0
Legia Warschau – **Hajduk Split**	0:1	0:4
Silkeborg IF – **Dynamo Kiew**	0:0	1:3

GRUPPENPHASE

Gruppe A

14. September 1994
Manchester United – IFK Göteborg 4:2
FC Barcelona – Galatasaray Istanbul 2:1

28. September 1994
Galatasaray Istanbul – Manchester United 0:0
IFK Göteborg – FC Barcelona 2:1

19. Oktober 1994
IFK Göteborg – Galatasaray Istanbul 1:0
Manchester United – FC Barcelona 2:2

2. November 1994
Galatasaray Istanbul – IFK Göteborg 0:1
FC Barcelona – Manchester United 4:0

23. November 1994
IFK Göteborg – Manchester United 3:1
Galatasaray Istanbul – FC Barcelona 2:1

7. Dezember 1994
Manchester United – Galatasaray Istanbul 4:0
FC Barcelona – IFK Göteborg 1:1

Team	Spiele	S	U	N	T	P
1. **IFK Göteborg**	6	4	1	1	10:7	**9:3**
2. **FC Barcelona**	6	2	2	2	11:8	**6:6**
3. Manchester United	6	2	2	2	11:11	**6:6**
4. Galatasaray Istanbul	6	1	1	4	3:9	**3:9**

Gruppe B

14. September 1994
Dynamo Kiew – Spartak Moskau 3:2
Paris Saint-Germain – FC Bayern München 2:0

28. September 1994
Spartak Moskau – Paris Saint-Germain 1:2
FC Bayern München – Dynamo Kiew 1:0

19. Oktober 1994
Spartak Moskau – FC Bayern München 1:1
Dynamo Kiew – Paris Saint-Germain 1:2

2. November 1994
FC Bayern München – Spartak Moskau 2:2
Paris Saint-Germain – Dynamo Kiew 1:0

23. November 1994
Spartak Moskau – Dynamo Kiew 1:0
FC Bayern München – Paris Saint-Germain 0:1

7. Dezember 1994
Dynamo Kiew – FC Bayern München 1:4
Paris Saint-Germain – Spartak Moskau 4:1

Team	Spiele	S	U	N	T	P
1. **Paris Saint-Germain**	6	6	0	0	12:3	**12:0**
2. **FC Bayern München**	6	2	2	2	8:7	**6:6**
3. Spartak Moskau	6	1	2	3	8:12	**4:8**
4. Dynamo Kiew	6	1	0	5	5:11	**2:10**

Gruppe C

14. September 1994
Hajduk Split – Benfica Lissabon 0:0
RSC Anderlecht – Steaua Bukarest 0:0

28. September 1994
Steaua Bukarest – Hajduk Split 0:1
Benfica Lissabon – RSC Anderlecht 3:1

19. Oktober 1994
Benfica Lissabon – Steaua Bukarest 2:1
Hajduk Split – RSC Anderlecht 2:1

2. November 1994
RSC Anderlecht – Hajduk Split 0:0
Benfica Lissabon – Steaua Bukarest 1:1

23. November 1994
Benfica Lissabon – Hajduk Split 2:1
Steaua Bukarest – RSC Anderlecht 1:1

7. Dezember 1994
Hajduk Split – Steaua Bukarest 1:4
RSC Anderlecht – Benfica Lissabon 1:1

Team	Spiele	S	U	N	T	P
1. **Benfica Lissabon**	6	3	3	0	9:5	**9:3**
2. **Hajduk Split**	6	2	2	2	5:7	**6:6**
3. Steaua Bukarest	6	1	3	2	7:6	**5:7**
4. RSC Anderlecht	6	0	4	2	4:7	**4:8**

Gruppe D

14. September 1994
SV Austria Salzburg – AEK Athen 0:0
Ajax Amsterdam – AC Mailand 2:0

28. September 1994
AC Mailand – SV Austria Salzburg 3:0
AEK Athen – Ajax Amsterdam 1:2

19. Oktober 1994
SV Austria Salzburg – Ajax Amsterdam 0:0
AEK Athen – AC Mailand 0:0

2. November 1994
AC Mailand – AEK Athen 2:1
Ajax Amsterdam – SV Austria Salzburg 1:1

23. November 1994
AEK Athen – SV Austria Salzburg 1:3
AC Mailand – Ajax Amsterdam 0:2

7. Dezember 1994
SV Austria Salzburg – AC Mailand 0:1
Ajax Amsterdam – AEK Athen 2:0

Team	Spiele	S	U	N	T	P
1. **Ajax Amsterdam**	6	4	2	0	9:2	**10:2**
2. **AC Mailand**[1]	6	3	1	2	6:5	**5:5**
3. SV Austria Salzburg	6	1	3	2	4:6	**5:7**
4. AEK Athen	6	0	2	4	3:9	**2:10**

1 Im Heimspiel gegen Salzburg wurde dem Salzburger Tormann Otto Konrad eine Flasche aus dem Mailänder Fanblock an den Kopf geworfen. Der AC Mailand bekam infolgedessen zwei Punkte abgezogen.

VIERTELFINALE

Die Hinspiele fanden am 1. März, die Rückspiele am 15. März 1995 statt.

FC Bayern München – IFK Göteborg	0:0	2:2
FC Barcelona – **Paris Saint-Germain**	1:1	1:2
AC Mailand – Benfica Lissabon	2:0	0:0
Hajduk Split – **Ajax Amsterdam**	0:0	0:3

HALBFINALE

Die Hinspiele fanden am 5. April, die Rückspiele am 19. April 1995 statt.

FC Bayern München – **Ajax Amsterdam**	0:0	2:5
Paris Saint-Germain – **AC Mailand**	0:1	0:2

FINALE

Das Finale fand am 22. Mai 1995 statt.

Ajax Amsterdam – AC Mailand 1:0

QUALIFIKATION

Vorrunde

	Hin	Rück
HJK Helsinki – FC Norma Tallinn	1:1	1:0
Ekranas Panevėžys – **FC Floriana**	0:1	0:1
B68 Toftir – **Croatia Zagreb**	0:5	0:6
Skonto Riga – NK Olimpija Ljubljana	0:1	1:0 n.V. 11:10 i.E.
Cwmbran Town – **Cork City FC**	3:2	1:2
Dinamo Tiflis[1] – **Linfield FC**	2:1	1:1
FC Avenir Beggen – **Rosenborg Trondheim**	0:2	0:1
Omonia Nikosia – **FC Aarau**	2:1	0:2
Zimbru Chişinău – **Beitar Jerusalem**	1:1	0:2
FK Partizani Tirana – **ÍA Akranes**	0:0	0:3

1 Dinamo Tiflis wurde wegen versuchter Schiedsrichterbestechung disqualifiziert.

1. Runde

	Hin	Rück
Steaua Bukarest – Croatia Zagreb	1:2	3:2
Rosenborg Trondheim – **FK Austria Wien**	3:1	1:4
FC Porto – FC Floriana	2:0	0:0
Skonto Riga – **Spartak Moskau**	0:5	0:4
FC Aarau – **AC Mailand**	0:1	0:0
Dynamo Kiew – **FC Barcelona**	3:1	1:4
AS Monaco – AEK Athen	1:0	1:1
Honvéd Budapest – **Manchester United**	2:3	1:2
Glasgow Rangers – **Lewski-1913 Sofia**	3:2	1:2
AIK Solna – **Sparta Prag**	1:0	0:2
Lech Posen – Beitar Jerusalem	3:0	4:2
Galatasaray Istanbul – Cork City FC	2:1	1:0
HJK Helsinki – **RSC Anderlecht**	0:3	0:3
ÍA Akranes – **Feyenoord Rotterdam**	1:0	0:3
Werder Bremen – FK Dinamo Minsk	5:2	1:1
Linfield FC – **FC Kopenhagen**	3:0	0:4 n.V.

2. Runde

	Hin	Rück
FC Porto – Feyenoord Rotterdam	1:0	0:0
AS Monaco – Steaua Bukarest	4:1	0:1
Lewski-1913 Sofia – **Werder Bremen**	2:2	0:1
FC Kopenhagen – **AC Mailand**	0:6	0:1
Sparta Prag – **RSC Anderlecht**	0:1	2:4
Manchester United – **Galatasaray Istanbul**	3:3	0:0
Lech Posen – **Spartak Moskau**	1:5	1:2
FC Barcelona – FK Austria Wien	3:0	2:1

GRUPPENPHASE

Gruppe 1

24. November 1993	
Galatasaray Istanbul – FC Barcelona	0:0
AS Monaco – Spartak Moskau	4:1
8. Dezember 1993	
FC Barcelona – AS Monaco	2:0
Spartak Moskau – Galatasaray Istanbul	0:0
2. März 1994	
Spartak Moskau – FC Barcelona	2:2
AS Monaco – Galatasaray Istanbul	3:0
16. März 1994	
FC Barcelona – Spartak Moskau	5:1
Galatasaray Istanbul – AS Monaco	0:2
30. März 1994	
FC Barcelona – Galatasaray Istanbul	3:0
Spartak Moskau – AS Monaco	0:0
13. April 1994	
AS Monaco – FC Barcelona	0:1
Galatasaray Istanbul – Spartak Moskau	1:2

Team	Spiele	S	U	N	T	P
1. **FC Barcelona**	6	4	2	0	13:3	**10:2**
2. **AS Monaco**	6	3	1	2	9:4	**7:5**
3. Spartak Moskau	6	1	3	2	6:12	**5:7**
4. Galatasaray Istanbul	6	0	2	4	1:10	**2:10**

Gruppe 2

24. November 1993	
RSC Anderlecht – AC Mailand	0:0
FC Porto – Werder Bremen	3:2
1. Dezember 1993	
AC Mailand – FC Porto	3:0
8. Dezember 1993	
Werder Bremen – RSC Anderlecht	5:3
2. März 1994	
AC Mailand – Werder Bremen	2:1
RSC Anderlecht – FC Porto	1:0
16. März 1994	
Werder Bremen – AC Mailand	1:1
FC Porto – RSC Anderlecht	2:0
30. März 1994	
AC Mailand – RSC Anderlecht	0:0
Werder Bremen – FC Porto	0:5
13. April 1994	
FC Porto – AC Mailand	0:0
RSC Anderlecht – Werder Bremen	1:2

Team	Spiele	S	U	N	T	P
1. **AC Mailand**	6	2	4	0	6:2	**8:4**
2. **FC Porto**	6	3	1	2	10:6	**7:5**
3. Werder Bremen	6	2	1	3	11:15	5:7
4. RSC Anderlecht	6	1	2	3	5:9	4:8

HALBFINALE

Die Halbfinalspiele fanden am 27. April 1994 statt.

FC Barcelona – FC Porto	3:0
AC Mailand – AS Monaco	3:0

FINALE

Das Finale fand am 18. Mai 1994 statt.

AC Mailand – FC Barcelona	4:0

SAISON 1992/93

QUALIFIKATION

Vorrunde

	Hin	Rück
Shelbourne FC – **Tawrija Simferopol**	0:0	1:2
FC Valletta – **Maccabi Tel Aviv**	1:2	0:1
KÍ Klaksvík – **Skonto Riga**	1:3	0:3
NK Olimpija Ljubljana – FC Norma Tallinn	3:0	2:0

1. Runde

	Hin	Rück
PSV Eindhoven – Vilnius FK Îalgiris	6:0	2:0
FC Barcelona – Viking Stavanger	1:0	0:0
Kuusysi Lahti – **Dinamo Bukarest**	1:0	0:2 n.V.
Glasgow Rangers – Lyngby BK	2:0	1:0
SK Slovan Bratislava – Ferencváros Budapest	4:1	0:0
FK Austria Wien – ZSKA Sofia	3:1	2:3
US Luxemburg – **FC Porto**	1:4	0:5
Víkingur Reykjavík – **ZSKA Moskau**	0:1	2:4
AEK Athen – APOEL Nikosia	1:1	2:2
IFK Göteborg – Beşiktaş Istanbul	2:0	1:2
Glentoran FC – **Olympique Marseille**	0:5	0:3
AC Mailand – NK Olimpija Ljubljana	4:0	3:0
Lech Posen – Skonto Riga	2:0	0:0
FC Sion – Tawrija Simferopol	4:1	3:1
Maccabi Tel Aviv – **FC Brügge**	0:1	0:3
VfB Stuttgart – **Leeds United**	3:0	0:3[1]

1 Das Rückspiel, das sportlich 4:1 für Leeds endete und Stuttgart somit in die nächste Runde gebracht hätte, wurde mit 3:0 für Leeds United gewertet. Der VfB wechselte entgegen der damaligen Regel einen vierten Ausländer ein.

Entscheidungsspiel: VfB Stuttgart – **Leeds United** 1:2

2. Runde

	Hin	Rück
IFK Göteborg – Lech Posen	1:0	3:0
SK Slovan Bratislava – **AC Mailand**	0:1	0:4
FC Brügge – FK Austria Wien	2:0	1:3
FC Sion – **FC Porto**	2:2	0:4
AEK Athen – **PSV Eindhoven**	1:0	0:3
ZSKA Moskau – FC Barcelona	1:1	3:2
Glasgow Rangers – Leeds United	2:1	2:1

GRUPPENPHASE

Gruppe 1

25. November 1992

FC Brügge – ZSKA Moskau	1:0
Glasgow Rangers – Olympique Marseille	2:2

9. Dezember 1992

Olympique Marseille – FC Brügge	3:0
ZSKA Moskau – Glasgow Rangers	0:1

3. März 1993

FC Brügge – Glasgow Rangers	1:1
ZSKA Moskau – Olympique Marseille	1:1

17. März 1993

Olympique Marseille – ZSKA Moskau	6:0
Glasgow Rangers – FC Brügge	2:1

7. April 1993

Olympique Marseille – Glasgow Rangers	1:1
ZSKA Moskau – FC Brügge	1:2

21. April 1993

FC Brügge – Olympique Marseille	0:1
Glasgow Rangers – ZSKA Moskau	0:0

Team	Spiele	S	U	N	T	P
1. **Olympique Marseille**	6	3	3	0	14:4	**9:3**
2. Glasgow Rangers	6	2	4	0	7:5	**8:4**
3. FC Brügge	6	2	1	3	5:8	**5:7**
4. ZSKA Moskau	6	0	2	4	2:11	**2:10**

Gruppe 2

25. November 1992

AC Mailand – IFK Göteborg	4:0
FC Porta – PSV Eindhoven	2:2

9. Dezember 1992

PSV Eindhoven – AC Mailand	1:2
IFK Göteborg – FC Porto	1:0

3. März 1993

FC Porto – AC Mailand	0:1
PSV Eindhoven – IFK Göteborg	1:3

17. März 1993

AC Mailand – FC Porto	1:0
IFK Göteborg – PSV Eindhoven	3:0

7. April 1993

IFK Göteborg – AC Mailand	0:1
PSV Eindhoven – FC Porto	0:1

21. April

AC Mailand – PSV Eindhoven	2:0
FC Porto – IFK Göteborg	2:0

Team	Spiele	S	U	N	T	P
1. **AC Mailand**	6	6	0	0	11:1	**12:0**
2. IFK Göteborg	6	3	0	3	7:8	**6:6**
3. FC Porto	6	2	1	3	5:5	**5:7**
4. PSV Eindhoven	6	0	1	5	4:13	**1:11**

FINALE

Das Finale fand am 26. Mai 1993 statt.

Olympique Marseille – AC Mailand 1:0

DIE ZEIT VOR DER CHAMPIONS LEAGUE

1955–1992

Der Europapokal der Landesmeister

»Das ist nur etwas für die Kassen der Vereine. Für die Spieler und Zuschauer gehen zu viele Emotionen flöten«, sagte Rudi Völler 1993 über die gerade neu eingeführte Champions League. Was insofern erstaunlich war, als der Stürmer Völler mit Olympique Marseille gerade die Premiere des neuen Wettbewerbs gewonnen hatte. Und was wiederum nicht erstaunlich war, weil Völler als Freund des offenen Wortes und als Mensch mit durchaus konservativen Zügen bekannt ist.

Der Europapokal der Landesmeister war seit seiner Einführung ein Erfolgsmodell, zwar nicht unbedingt ein wirtschaftliches, aber eines, das die Fußballfans in ganz Europa in ihren Bann zog. Hier ermittelten die Landesmeister des alten Kontinents ihren Besten. Jede der K.-o.-Runden wurde einzeln ausgelost. Wer aus den addierten Ergebnissen von Hin- und Rückspiel einer Runde schlechter war als sein Gegner, der war draußen, und bei Torgleichstand nach beiden Spielen zählten die auswärts geschossenen Treffer einer Mannschaft doppelt. Führte auch das zu keinem Ergebnis, kam es bis einschließlich der Spielzeit 1969/70 zu einem Entscheidungsspiel – oder zu gar noch Schlimmerem.

Nicht Bayern München – nein: *erster deutscher Finalist im Landesmeisterwettbewerb war im Mai 1960 Eintracht Frankfurt, für die Dieter Lindner hier eine Flanke an Pachín vorbei in den Strafraum von Real Madrid schlägt. Die Eintracht ging vor 135 000 Zuschauern im Glasgower Hampden Park sogar in Führung – dann schlug Real sechsmal zu, am Ende stand es 3:7. Es war Reals fünfter Titel in Serie.*

Rettung vor Atomium. *Im Finale von 1958 hält Milan-Torwart Narciso Soldan im Brüsseler Heysel-Stadion den anstürmenden Alfredo di Stefano (Real Madrid) auf. Im Hintergrund ist das für die Weltausstellung im gleichen Jahr fertig gestellte Wahrzeichen Atomium zu sehen. Real gewann das Finale in der Verlängerung mit 3:2 und schaffte so seinen dritten von fünf Titeln in Folge.*

1965 hatten der 1. FC Köln und der FC Liverpool auch das Entscheidungsspiel in Rotterdam nach 120 Minuten mit 2:2 beendet. Da die Regeln ein Elfmeterschießen nicht vorsahen (das gab es erst ab der Saison 1970/71), hatte die Entscheidung durchs Los oder den Wurf einer Münze zu erfolgen. Der belgische Referee Robert Schaut warf eine Münze, die im ersten Versuch hochkant im Matsch stecken blieb, nach dem zweiten Wurf jubelten nur die Liverpooler. Grundsätzlich aber lebte der Modus des Europapokals von seiner Übersichtlichkeit im direkten Duell zweier Mannschaften. Vor allem die Qualität internationaler Klassespieler und -vereine durchs Fernsehen in die Wohnstuben transportiert, trug maßgeblich zur Beliebtheit des Wettbewerbs bei, der als fixe Idee gestartet war.

Am 15. Dezember 1954 hatte die französische Sportzeitung *L'Equipe* einen Artikel ihres Fußballchefs Gabriel Hanot veröffentlicht. Darin stellte der ehemalige Nationalverteidiger seines Landes und zwischen 1910 und 1912 für Preußen Münster aktive Spieler die Idee zu einem Pokal für die besten Vereinsmannschaften Europas vor. Teilnehmen sollten die Landesmeister des im Sommer gegründeten europäischen Fußballverbandes UEFA, mit Hin- und Rückspielen an Abenden mitten in der Woche mit der Unterstützung des europäischen Fernsehens. Im Sommer 1954 war die Eurovision ins Leben gerufen worden, der Dachverband der europäischen Rundfunk- und Fernsehorganisationen

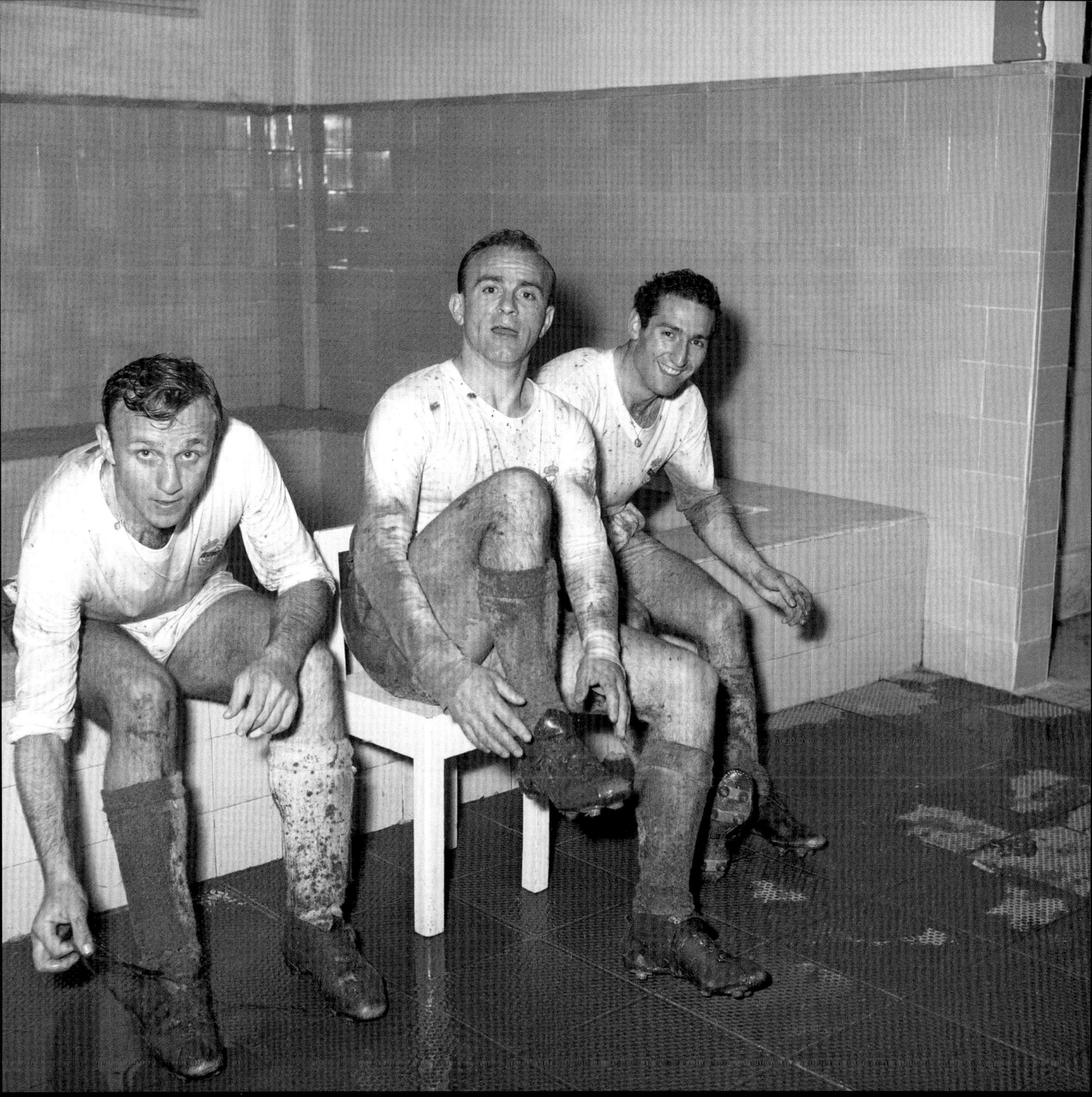

Jetzt mal raus hier! *Real Madrids Alfredo di Stefano (Bildmitte) und seine Mitspieler José Santamaria (l.) und Francisco Gento haben jede Menge Matsch abbekommen und freuen sich schon auf das Bad im Entmüdungsbecken – ohne Fotografen!*

Chef des totalen Fußballs. *Der Niederländer Johan Cruyff holte den Landesmeistercup insgesamt viermal: dreimal als Spieler mit Ajax Amsterdam (1971–1973) und als Trainer mit dem FC Barcelona (1992).*

Nicht nur in Texten, sondern in Gesprächen mit Funktionären warben Hanot sowie seine *L'Equipe*-Kollegen Jacques de Ryswick und Jacques Ferran für die Idee. Und tatsächlich begann 1955 der Coupe des clubs champions européens, der Europapokal der Landesmeister. Das erste Match zwischen Sporting Lissabon und Partizan Belgrad endete 3:3. Am Ende der Premierensaison hatten 800 000 Zuschauer 29 Spiele und 127 Tore gesehen. Gleich vom Start weg wurde Hanots Idee eine europäische Erfolgsgeschichte, was auch an einer multikulturellen Sensation namens Real Madrid lag.

Mit Stars wie dem Ungarn Ferenc Puskás, den Argentiniern Alfredo di Stéfano, Roque Olsen, Héctor Rial, dem Franzosen Raymond Kappa und seinem spanischen Kapitän Francisco Gento gewann das »weiße Ballett« den neuen Pokal bei seinen ersten fünf Austragungen. Eine Serie, die bis heute kein anderer Club erreicht hat. Beim letzten Titel stellte Real zwei bis heute gültige Rekorde auf, nämlich den für die meisten Zuschauer bei einem Endspiel (135 000 im Glasgower Hampden Park gegen Eintracht Frankfurt) und den für sieben Tore – so viele erzielte in der regulären Spielzeit nie wieder ein Finalist.

Auf die Real-Triumphe (1956–1960) folgten die Siege von Benfica Lissabon und seines Ausnahmestürmers Eusébio (1961 und 1962), dessen dritter Sieg in Serie vom AC Mailand und seinen Stars Cesare Maldini, Giovanni Trapattoni und Gianni Riviera knapp vereitelt wurde. Nach Milan siegte Stadtrivale Internazionale in den beiden Folgejahren mit Tarcisio Burgnich, Giacinto Facchetti, Sandro Mazzola und Luis Suárez gegen Benfica Lissabon und Real Madrid.

Der erste Cup von dreien in Serie: *1971 gewinnt Ajax Amsterdam das Finale gegen das vom Ungarn Ferenc Puskás trainierte Panathinaikos Athen mit 2:0. Hier zieht Rechtsaußen Sjaak Swart vor 83 000 Zuschauern im ausverkauften Londoner Wembley Stadion ab.*

Im zweiten Anlauf klappte es:
Gegen Spaniens Meister Atlético Madrid benötigte Bayern München 1974 in Brüssel ein Wiederholungsspiel, um den Pokal erstmals zu gewinnen. Im ersten Spiel hatte Verteidiger Georg Schwarzenbeck (großes Bild, 3. v. r.) dies mit seinem Ausgleichstor erst möglich gemacht.

Echte Freunde kann niemand trennen. Gerd Müller und Uli Hoeneß sind auch heute noch, 36 Jahre nach dem Sieg gegen Madrid, bei Bayern München. Der eine als Co-Trainer der zweiten Mannschaft, der andere als Präsident.

Nach einem weiteren Sieg Real Madrids gab es 1967 und 1968 erstmals britische Sieger, wobei nicht die Engländer, sondern die Schotten von Celtic Glasgow den Anfang machten. 1968 gewann dann Manchester United mit Trainer Matt Busby im Londoner Wembley-Stadion das Finale gegen Benfica – binnen sechs Minuten in der Verlängerung schossen George Best, Brian Kidd und Bobby Charlton den Sieg heraus. Zehn Jahre nachdem acht Spieler von United bei einer Flugzeugkatastrophe in München ihr Leben verloren hatten.

Die holländische Phase im Landesmeister-Wettbewerb hätte um ein Haar 1969 schon eingesetzt, da erwies sich die Mannschaft von Ajax Amsterdam als zu unerfahren und glücklos gegen den AC Mailand. So gewann ein Jahr später der große Ajax-Rivale Feyenoord Rotterdam den ersten Titel, danach folgten mit Spielern wie Johan Cruyff, Horst Blankenburg, Arie Haan, Ruud Krol und Johan Neeskens drei Titel hintereinander für Ajax, das nach dem sechs Millionen Mark teuren Wechsel seines Superstars Cruyff zum FC Barcelona auseinanderbrach.

Dies machte den Weg frei für Bayern München. Im 1974er-Finale rettete sie ein spätes Tor von »Katsche« Schwarzenbeck ins Wiederholungsspiel gegen Atlético Madrid und zum Sieg; im Endspiel sahen die Regeln damals kein Elfmeterschießen vor. 1975 folgte in Paris ein umstrittener Sieg über Leeds United. Ein nicht gegebener Elfmeter für die Engländer, ein aberkanntes Tor wegen vermeintlicher Abseitsstellung Billy Bremners – mit »zwei glücklichen Toren« (Franz Beckenbauer) verteidigten die Bayern am Ende ihren Titel. Und auch im dritten Endspiel nacheinander glänzten die Bayern nicht. Gegen den französischen Meister AS St. Etienne reichte ein Tor von »Bulle« Roth zum dritten Landesmeister-Cup in Serie. Zweimal hatten die spielerisch überlegenen Franzosen nur das eckige Holz des Tores in Glasgow getroffen.

Was als englische Ära in die Geschichte des Europapokals einging, also die Jahre zwischen 1977 und 1985, hätte genauso gut auch eine deutsche Ära werden können. 1977 unterlag Borussia Mönchengladbach im Finale dem FC Liverpool, im Jahr darauf war für die Gladbacher im Halbfinale Schluss – erneut gegen Liverpool, das seinen Titel verteidigte. 1979 scheiterte der 1. FC Köln im Halbfinale knapp am späteren Sieger Nottingham Forest, dem ein Jahr später der Hamburger SV im Endspiel unterlegen war. 1981 unterlag Bayern München Liverpool im Halbfinale aufgrund der Auswärtstorregelung, 1982 verloren die Münchener im Finale gegen Aston Villa mit 0:1. Erst 1983 unterbrach der Hamburger SV die englische Titelträgerreihe mit seinem 1:0-Sieg in Athen gegen Juventus Turin.

Vorbereiter auf der Bank. Bayern-Manager Robert Schwan (2. v. r.) und der neben ihm im Bundeswehrparka sitzende Trainer Udo Lattek waren die Macher hinter den drei Bayern-Triumphen zwischen 1974 und 1976.

Da steht etwas auf Ihrem Tisch, Herr Magath. *Zum Festbankett anlässlich des ersten und bis heute einzigen Pokalgewinns im europäischen Landesmeisterwettbewerb für den HSV erschien Siegtorschütze Magath in zwanglosem Outfit.*

Die englische Ära erlebte ihr jähes Ende im Mai 1985, als es beim Finale zwischen Liverpool und Juventus Turin im maroden Heysel-Stadion von Brüssel zu Ausschreitungen und einer Massenpanik kam. Als englische Fans in einen Sektor, der Juventus-Anhängern vorbehalten war, eindrangen, stürzte eine Mauer ein. 39 Menschen, überwiegend Italiener, ließen ihr Leben. Die Strafen für die Clubs fielen drastisch aus: Fünf Jahre lang nahm kein englischer Verein an einem Europacup teil, für den FC Liverpool wurde die Sperre um zwei weitere Jahre verlängert.

In den Jahren nach Heysel gelang einzig dem AC Mailand mit seinen starken Holländern Frank Rijkaard, Marco van Basten, Ruud Gullit und den einheimischen Stars Paolo Maldini, Franco Baresi sowie Carlo Ancelotti noch einmal eine Titelverteidigung (1989 und 1990). Kurz darauf, in der Spielzeit 1991/92, wurde dann in Vorbereitung der Champions League eine Zwischenrunde mit Gruppenspielen eingeführt – ein Jahr später war der Europapokal der Landesmeister Geschichte. Mit der Einführung der Champions League, das sagten ihre Kritiker, werde dem schnöden Mammon alles geopfert. Der zum reinen Vermarktungsevent verkommene Wettbewerb diene dem Erhalt des Status quo, er mache nur die ohnehin schon reichen Vereine des Kontinents reicher.

Dem sei entgegnet, dass dies zuvor nicht anders war. Da reicht der Blick in die Siegerlisten des Wettbewerbs: Real Madrid, Ajax Amsterdam, Bayern München und der FC Liverpool – das sind die vier Clubs, die die Geschichte des Europapokals der Landesmeister maßbeglich bestimmt und geschrieben haben. Und die größte Sensation in der Geschichte, der Finalsieg des rumänischen Meisters Steaua Bukarest gegen den FC Barcelona, hatte vor allem eine Ursache: Steauas Torwart Helmuth Duckadam. Der hielt im Elfmeterschießen von Sevilla alle vier Versuche des Gegners und verhinderte damit auch einen der größten Erfolge von Barcelonas Kapitän. Den Landesmeister-Wettbewerb gewann Bernd Schuster nämlich nie.

Trink doch einen mit. *Auf dem Rückflug nach Deutschland schenkt HSV-Mittelstürmer Horst Hrubesch mitgereisten Fans im großen Stil ein.*

Es sollte das Einzige bleiben. *Das frühe Tor von Felix Magath entschied das Finale 1983 im Athener Olympiastadion gegen den hohen Favoriten Juventus Turin.*

Die Toten des Cups. *Bei Fanausschreitungen während des Finals 1985 zwischen dem FC Liverpool und Juventus Turin sterben im Brüsseler Heysel-Stadion 39 Menschen.*

We are Forest. *Nottinghams Torschütze Ian Bowyer (l.) und Martin O'Neill feiern 1979 den Endspieleinzug nach dem Halbfinalsieg gegen den 1. FC Köln. Im Finale schlugen die Engländer dann Malmö FF.*

Terrier und Mighty Mouse. *Im Endspiel 1977 klammert Mönchengladbachs Berti Vogts den Liverpooler (und späteren Hamburger) Kevin Keegan – wenig erfolgreich. Gladbach verliert mit 1:3 in Rom.*

Goodbye. Aston *Villas Peter Withe (Nummer 9) hat soeben das entscheidende Tor gegen den FC Bayern im Endspiel 1982 erzielt. Münchens Torwart Manfred Müller und Verteidiger Klaus Augenthaler sind niedergeschlagen.*

Der Rastakopf des Erfolgs. *Gemeinsam mit seinen Landsleuten Marco van Basten und Frank Rijkaard gewann der Niederländer Ruud Gullit den Pokal in den Jahren 1989 und 1990 für den AC Mailand.*

WAS NEU WAR AN DER CHAMPIONS LEAGUE

Der Pokal blieb der alte, der Veranstalter, der europäische Fußballverband UEFA, ebenso, und den Modus mit Gruppenspielen in der Finalrunde hatte man vorher schon getestet. Alles andere aber war neu an dieser Champions League, die mit der Spielzeit 1992/93 den Europapokal der Landesmeister ersetzte.

Der neue Modus sollte Risikoschutz gewähren: Die großen Mannschaften sollten möglichst lange im Wettbewerb verweilen, zumindest aber aufgrund der garantierten Anzahl von Spielen bestimmte Geldsummen erwarten können. Das regelte das neue Gesamtvermarktungskonzept. Und das Interesse am Wettbewerb stieg stetig.

In der ersten Saison sahen 691 Millionen TV-Zuschauer die Spiele. Beim Finale 2009/10 zwischen Inter Mailand und Bayern München saßen 109 Millionen Zuschauer weltweit vor dem Fernseher – nur der US-amerikanische Super

Bowl (121 Millionen) schaffte eine noch größere Reichweite. Im Jahr davor allerdings war selbst der Super Bowl chancenlos. Da sahen 146 Millionen das attraktive Endspiel zwischen dem AC Mailand und dem FC Barcelona, 40 Millionen mehr als den Super Bowl.

Am Interesse der Fans verdienen die ursprünglich 16, dann 24 und heute 32 an der Endrunde teilnehmenden Clubs prächtig. Denn das Geheimnis der Champions League war und ist natürlich nicht ihr Spiel-, sondern das dahinterliegende Geldsystem: 75 Prozent der Einnahmen stammen aus den TV-Rechten, der Rest aus Geldern von Sponsoren. Von dieser Summe werden drei Viertel direkt an die teilnehmenden Clubs ausgeschüttet. Es ist ein Multimillionengeschäft. Man sagt, dass eine Champions-League-Saison inzwischen Umsätze erzielt, die sich mit denen einer Weltmeisterschaft durchaus vergleichen lassen.

In Zeiten wie diesen. *Der Europapokal der Landesmeister war erfolgreich auch ohne HDTV und ausgeklügelte Vermarktungstools. Stattdessen hielt man einfach mal eine Ergebnis-Stecktafel in die Höhe oder drückte seine Verbundenheit mit der Champagnerstadt Reims durch eine große aufblasbare Flasche aus.*

Eine von einem der Champions-League-Sponsoren in Auftrag gegebenen Studie hat den Marktwert des Finales 2010 errechnet. Demnach hat der Sieg von Inter Mailand über Bayern München einen Wert von etwa 120 Millionen Euro für den Club, den unterlegenen Deutschen blieben etwa 70 Millionen. Damit war dieses Endspiel das bis dato wertvollste des Wettbewerbs, wesentlicher Faktor hierfür: die Verlegung des Endspiels vom traditionellen Mittwoch- auf einen Samstagabend.

Es steht zu erwarten, dass auch in Zukunft weiter an der Champions League herumgeschraubt wird – um sie als Produkt erfolgreicher zu machen. Kritiker bemängeln, dass dies zu einer dramatischen Entwertung der nationalen Ligen führt. Sind es in England, Spanien und Italien je zwei bis drei Clubs, die sich mit den Millionen aus der Champions League vom gemeinen Rest jedes Jahr ein Stück weit mehr absetzen, so ist es in Deutschland nur einer: der FC Bayern München.

GELDMASCHINE CHAMPIONS LEAGUE: DIE PRÄMIENREGELUNG PRO TEAM 2009/10*

Erreichen der Vorrunde	3 800 000 Euro
Teilnahme an den Gruppenspielen	3 300 000 Euro
Sieg im Gruppenspiel	800 000 Euro
Unentschieden im Gruppenspiel	400 000 Euro
Erreichen Achtelfinale	3 000 000 Euro
Erreichen Viertelfinale	3 300 000 Euro
Erreichen Halbfinale	4 000 000 Euro
Verlierer Finale	5 200 000 Euro
Sieger	9 000 000 Euro

Bestenfalls hätte ein Verein also Prämien in Höhe von 31 200 000 Euro einnehmen können (noch nie hat ein Club alle Spiele gewonnen). Hinzu kommt eine Beteiligung an den TV-Geldern, die nach einem nationalen Schlüssel vergeben werden.

* Die Prämien verstehen sich additiv.

DIE ENDSPIELE IM EUROPAPOKAL DER LANDESMEISTER

1955/56
Real Madrid – Stade Reims 4:3 (2:2)
13.6.1956, Parc des Princes (Paris)
Zuschauer: 38 239

1956/57
AC Florenz – Real Madrid 0:2 (0:0)
30.5.1957, Estadio Santiago Bernabéu (Madrid)
Zuschauer: 125 000

1957/58
Real Madrid – AC Mailand 3:2 n. V. (2:2, 0:0)
28.5.1958, Stade du Heysel (Brüssel)
Zuschauer: 70 000

1958/59
Real Madrid – Stade Reims 2:0 (1:0)
3.6.1959, Neckarstadion (Stuttgart)
Zuschauer: 80 000

1959/60
Eintracht Frankfurt – Real Madrid 3:7 (1:2)
18.5.1960, Hampden Park (Glasgow)
Zuschauer: 135 000

1960/61
FC Barcelona – Benfica Lissabon 2:3 (1:2)
31.5.1961, Wankdorf-Stadion (Basel)
Zuschauer: 26 732

1961/62
Benfica Lissabon – Real Madrid 5:3 (2:3)
2.5.1962, Olympisch Stadion (Amsterdam)
Zuschauer: 65 000

1962/63
Benfica Lissabon – AC Mailand 1:2 (1:0)
22.5.1963, Wembley Stadium (London)
Zuschauer: 45 700

1963/64
Inter Mailand – Real Madrid 3:1 (1:0)
27.5.1964, Praterstadion (Wien)
Zuschauer: 72 000

1964/65
Benfica Lissabon – Inter Mailand 0:1 (0:1)
27.5.1965, San Siro (Mailand)
Zuschauer: 85 000

1965/66
FK Partizan Belgrad – Real Madrid 1:2 (0:0)
11.5.1966, Stade du Heysel (Brüssel)
Zuschauer: 55 000

1966/67
Celtic Glasgow – Inter Mailand 2:1 (0:1)
25.5.1967, Estádio Nacional (Lissabon)
Zuschauer: 45 000

1967/68
Benfica Lissabon – Manchester United
1:4 n. V. (1:1, 0:0)
29.5.1968, Wembley Stadium (London)
Zuschauer: 100 000

1968/69
AC Mailand – Ajax Amsterdam 4:1 (2:0)
28.5.1969, Estadio Santiago Bernabéu (Madrid)
Zuschauer: 75 000

1969/70
Feyenoord Rotterdam – Celtic Glasgow
2:1 n.V. (1:1, 1:1)
6.5.1970, San Siro (Mailand)
Zuschauer: 53 000

1970/71
Ajax Amsterdam – Panathinaikos Athen 2:0 (1:0)
2.6.1971, Wembley Stadium (London)
Zuschauer: 83 000

1971/72
Ajax Amsterdam – Inter Mailand 2:0 (0:0)
31.5.1972, Feyenoord-Stadion (Rotterdam)
Zuschauer: 61 354

1972/73
Ajax Amsterdam – Juventus Turin 1:0 (1:0)
30.5.1973, Stadion Crvene Zvezde (Belgrad)
Zuschauer: 91 654

1973/74
FC Bayern München – Atlético Madrid
1:1 n. V. (0:0, 0:0)
15.5.1974, Stade du Heysel (Brüssel)
Zuschauer: 49 000
Es wurde ein Wiederholungsspiel fällig,
weil das Reglement damals kein Elfmeterschießen
vorsah.
FC Bayern München – Atlético Madrid 4:0 (1:0)
17.5.1974, Stade du Heysel (Brüssel)
Zuschauer: 23 000

1974/75
FC Bayern München – Leeds United 2:0 (0:0)
28.5.1975, Parc des Princes (Paris)
Zuschauer: 48 374

1975/76
FC Bayern München – AS Saint-Étienne 1:0 (0:0)
12.5.1976, Hampden Park (Glasgow)
Zuschauer: 54 684

1976/77
Borussia Mönchengladbach – FC Liverpool 1:3 (0:1)
25.5.1977, Stadio Olimpico (Rom)
Zuschauer: 58 000

1977/78
FC Liverpool – FC Brügge 1:0 (0:0)
10.5.1978, Wembley Stadium (London)
Zuschauer: 92 500

1978/79
Nottingham Forest – Malmö FF 1:0 (1:0)
30.5.1979, Olympiastadion (München)
Zuschauer: 57 000

1979/80
Nottingham Forest – Hamburger SV 1:0 (1:0)
28.5.1980, Estadio Santiago Bernabéu (Madrid)
Zuschauer: 50 000

1980/81
FC Liverpool – Real Madrid 1:0 (1:0)
27.5.1981, Parc des Princes (Paris)
Zuschauer: 48 360

1981/82
FC Bayern München – Aston Villa 0:1 (0:0)
26.5.1982, Feyenoord-Stadion (Rotterdam)
Zuschauer: 46 000

1982/83
Juventus Turin – Hamburger SV 0:1 (0:1)
25.5.1983, Olympiastadion Spyridon Louis (Athen)
Zuschauer: 73 500

1983/84
AS Rom – FC Liverpool 1:1 n. V. (1:1, 1:1), 2:4 i. E.
30.Mai 1984, Stadio Olimpico (Rom)
Zuschauer: 69 700

1984/85
Juventus Turin – FC Liverpool 1:0 (0:0)
29.5.1985, Stade du Heysel (Brüssel)
Zuschauer: 58 000
Bei Ausschreitungen während dieses Spiels wurden
39 Menschen getötet, 454 verletzt.

1985/86
Steaua Bukarest – FC Barcelona 0:0 n.V., 2:0 i. E.
7.5.1986, Estadio Ramón Sánchez Pizjuán (Sevilla)
Zuschauer: 70 000

1986/87
FC Bayern München – FC Porto 1:2 (1:0)
27.5.1987, Praterstadion (Wien)
Zuschauer: 62 000

1987/88
PSV Eindhoven – Benfica Lissabon 0:0 n. V., 6:5 i. E.
25.5.1988, Neckarstadion (Stuttgart)
Zuschauer: 68 000

1988/89
Steaua Bukarest – AC Mailand 0:4 (0:3)
24.5.1989, Camp Nou (Barcelona)
Zuschauer: 97 000

1989/90
AC Mailand – Benfica Lissabon 1:0 (0:0)
23.5.1990, Praterstadion (Wien)
Zuschauer: 57 500

1990/91
Roter Stern Belgrad – Olympique Marseille
0:0 n. V., 5:3 i. E.
29.5.1991, Stadio San Nicola (Bari)
Zuschauer: 57 500

1991/92
Sampdoria Genua – FC Barcelona 0:1 n.V.
20.5.1992, Wembley Stadium (London)
Zuschauer: 70 827

AJAX

Von Thomas Lötz und Reinaldo Coddou H. sind darüber hinaus
folgende Titel im Delius Klasing Verlag erschienen:
100 Legenden der Bundesliga
Die 100 wichtigsten Tore der Welt

Bibliografische Information der Deutschen Nationalbibliothek
Die Deutsche Nationalbibliothek verzeichnet diese Publikation
in der Deutschen Nationalbibliografie; detaillierte bibliografische
Daten sind im Internet über http://dnb.d-nb.de abrufbar.

1. Auflage
ISBN 978-3-7688-3220-5

Idee, Konzept und Text: Thomas Lötz
Bildredaktion: Reinaldo Coddou H.
Fotos: Firo (Seite 113), **Getty Images** (Seiten 2, 25 unten, 34/35, 39 oben, 58/59, 60, 72/73, 83 unten, 87, 89 (– S. 125 jeweils jede rechte Seite oben), 105, 109, 116, 138 unten links und 143), **Imago** (Buchtitel, Einbandrückseite (3), Seiten 8/9, 11, 12/13, 17, 18/19, 20, 29 oben, 33, 36/37, 39 unten, 40/41, 43, 47, 48/49, 50/51, 53 unten, 66/67, 130, 133 oben, 134, 135, 137, 138 unten Mitte und rechts, 139 und 145), **Picture-Alliance** (Seiten 54/55, 57, 62/63 und 75), **Pixathlon** (Seiten 25 oben, 26/27, 29 unten, 76/77 und 80/81), **Reuters** (Seite 79), **Witters** (Einbandrückseite, Seiten 0/1, 4/5, 6/7, 14/15, 22/23, 30/31, 44/45, 53 oben, 65, 68/69, 71, 83 oben, 84/85, 127, 128, 129, 131, 132/133, 136 oben und unten, 138 oben und 140)
Lektorat: omnibooks, Bielefeld
Gestaltung: Weusthoff Noël, Hamburg, Jörg Weusthoff
Herstellung: Jörn Heese
Lithografie: scanlitho.teams, Bielefeld
Druck: Kunst- und Werbedruck, Bad Oeynhausen
Printed in Germany 2010

Delius Klasing Verlag
Siekerwall 21, D-33602 Bielefeld
Tel.: 0521/559-0
Fax: 0521/559-115
E-Mail: info@delius-klasing.de
www.delius-klasing.de

AVFC
PREPARED

THE CELTIC FOOTBALL CLUB
1888

FEYENOORD
ROTTERDAM

F C P

F.C.B.

FC BAYERN
MÜNCHEN

PSV